Monika Melchert

Im Schutz von Adler und Schlange

Monika Melchert

Im Schutz von Adler und Schlange

Anna Seghers im mexikanischen Exil

Quintus

Wir danken der Anna-Seghers-Gesellschaft Berlin und Mainz e.V. für die Unterstützung, www.anna-seghers.de

1. Auflage 2020

Binzstraße 19, D–13189 Berlin
www.quintus-verlag.de

Umschlaggestaltung: Oda Ruthe, Braunschweig, unter Verwendung einer historischen Darstellung der Wappensymbole Mexikos (Alamy Stock Foto) und eines Fotos, das Anna Seghers in Mexiko zeigt © Akademie der Künste, Berlin/Anna-Seghers-Archiv
Satz und Gestaltung: Ralph Gabriel, Berlin
Druck und Bindung: Beltz Grafische Betriebe GmbH, Bad Langensalza

ISBN 978-3-947215-84-3

Die Zeit, die ich in Mexiko verbrachte, gehört
zu den schönsten und wichtigsten Abschnitten
meines Lebens. Das Land, seine Menschen
und Landschaften werden
mir immer nahestehen.

Anna Seghers

Inhalt

Flucht nach Übersee

Sie waren noch einmal davongekommen. Aber um welchen Preis! Den Irrfahrten des Odysseus gleich, waren sie über die Meere und von Insel zu Insel getrieben worden, ehe sie das rettende Ziel erreichten. Frankreich, gleich von Beginn der Hitlerherrschaft an als Zuflucht gewählt, war nun, 1940/41, zur lebensgefährlichen Falle geworden: Die deutsche Wehrmacht hatte das Land besetzt. Jetzt blieb nur noch die Flucht über den Atlantik.

Im letzten Moment erst hat sie ihren Mann Laszlo Radvanyi im März 1941 aus dem Internierungslager Les Milles holen können, als sie alle Papiere beieinanderhatte: die Visa, die Transits, die Schiffspassagen und vor allem die Ausreisegenehmigung aus Frankreich. Les Milles, eine ehemalige Ziegelei, von der Pétain-Regierung nun provisorisch eingerichtet als Lager für die „feindlichen Ausländer", gelegen zwischen Aix-en-Provence und Marseille. Hier war Lion Feuchtwanger als Internierter hinter Stacheldraht fotografiert worden, und weil dieses Pressefoto um die Welt ging und auch in den USA gesehen wurde, startete man eine spektakuläre Rettungsaktion. Alles begann mit einem Aufruf Thomas Manns, den im Süden Frankreichs gestrandeten Künstlern und Intellektuellen bei der Flucht vor den Nazis in die USA zu helfen, unterstützt von der Präsidentengattin Eleanor Roosevelt und vorbereitet von Thomas Manns Kindern Erika und Klaus.

So wird im Sommer 1940 der 35-jährige Journalist Varian Fry vom Emergency Rescue Committee (ERC) ausgewählt, den Auftrag in Marseille zu übernehmen.

Man hat sich für den Harvard-Absolventen entschieden, weil er Deutsch und Französisch spricht, sich in Europa und in der zeitgenössischen Literatur auskennt. 1937 hat er ein Buch über Krieg und Diktatur herausgegeben – er selbst ist den Nazis ein Dorn im Auge. Zu den Gestrandeten gehören zu diesem Zeitpunkt auch noch Heinrich Mann, Golo Mann und Franz Werfel, die schließlich auf dem gefährlichen und kräftezehrenden Fluchtweg über die Pyrenäen gerettet werden. Wenn Varian Fry auch Anna Seghers aufgrund ihrer Mitgliedschaft in einer kommunistischen Partei kein Visum für die USA ausstellen kann, so organisiert er immerhin finanzielle Hilfe, die beinahe ebenso wichtig ist.

Und wie schwierig wird nun erst die weitere Flucht, die Fahrt über den Atlantik, über so viele Häfen und Hindernisse, um in dem Land anzukommen, das ihnen ein Visum bewilligt hat: Mexiko. Denn schließlich ist es der Generalkonsul der Vereinigten Staaten von Mexiko in Frankreich, Gilberto Bosques, der für die Schriftstellerin und die ganze Familie Radvanyi die Einreisevisa ausstellt. Auf Vorschlag deutscher Freunde, die bereits im mexikanischen Exil sind, vor allem Bodo Uhse, und auf Betreiben des sozialistischen Politikers und Gewerkschaftsführers Vicente Lombardo Toledano genehmigt der Präsident Mexikos, Lázaro Cárdenas, im August 1940 eine Liste mit den Namen von zwanzig besonders gefährdeten antifaschistischen Intellektuellen, die in Frankreich auf eine Ausreisemöglichkeit hoffen. Er weist das Generalkonsulat in Marseille an, für diese zwanzig Personen und ihre Familienangehörigen Reisedokumente als politische Flüchtlinge auszustellen. Darunter ist der Name von Anna Seghers. Allerdings erfährt sie davon erst am

28. Februar 1941 durch ein Schreiben des Generalkonsuls Gilberto Bosques. Er erzählt später, was es mit den finanziellen Mitteln für die Überfahrten auf sich hat: Durch die Hände der Hilfskomitees gehen in Marseille große Geldbeträge zur Bezahlung der Schiffspassagen. „Die League of American Writers und das American Committee to Save Refugees zahlten Tausende von Dollars im mexikanischen Konsulat in New York ein. Von dort wurde uns das Geld überwiesen. Die Überfahrt für eine Person kostete rund 200 Dollar." So wird schließlich auch für die Familie Radvanyi gesorgt.

Sie hat es geschafft, und sie hat die Kinder Pierre und Ruth beschützt, wie nur eine Mutter ihre Kinder schützen kann. Und wieder machen sie die Urerfahrung der Emigranten: Schon zum zweiten Mal in ihrem jungen Leben müssen sie alles zurücklassen, was ihr Leben bis dahin ausgemacht hat, und können nur nach vorn schauen. Jetzt beginnt ein neues Leben in der Neuen Welt. Erneut muss Anna Seghers all ihren Mut, alle praktische weibliche Vernunft zusammennehmen, um der Familie das weitere Überleben zu ermöglichen. Dabei hätte es auch böse enden können. Erst später erfahren sie, dass von der Fremdenpolizei in Marseille intensiv nach Anna Seghers gefahndet wird, allerdings unter ihrem Autorennamen – während der Pass und alle Papiere auf Netty Radvanyi lauten. „Ihr Pseudonym hatte uns geschützt", erinnert sich Pierre Radvanyi. Der Sohn Peter, 1926 in Berlin geboren, nennt sich seit seinen Schülertagen im Pariser Exil Pierre und wird zeitlebens bei der französischen Form seines Namens bleiben. Die Eltern rufen ihn oft noch Peter, anders als die Schwester Ruth, für die er immer Pierre bleibt.

Sie haben das Glück auf ihrer Seite: Am 24. März 1941 verlässt ihr Schiff, die „Capitaine Paul Lemerle", den Hafen von Marseille. Es wird nicht beschossen, weder aus der Luft noch von U-Booten. Sie kommen tatsächlich heil an auf der anderen Seite des Atlantiks. Und doch sind es unsägliche Zustände, unter denen sie in die Freiheit fahren: Die „Capitaine Paul Lemerle" ist ein Frachter der Société Générale de Transport Maritimes mit dem Ziel Martinique, gar nicht vorgesehen für Passagiere. Jetzt aber sind etwa 300 Flüchtlinge an Bord, auf zwei Laderäume verteilt, Männer und Frauen getrennt. Man hat provisorische Schlafsäle eingerichtet mit zweigeschossigen Bettgestellen, mehr schlecht als recht, dazu Strohmatratzen. Vor allem die Luft zum Atmen ist schrecklich knapp unter Deck. Es gibt, erinnert sich Pierre Radvanyi später, weder Bullaugen noch Tageslicht. Viele werden seekrank, und es riecht bald entsetzlich. Aber darauf kann niemand Rücksicht nehmen: Man will einfach nur weg aus Europa. Solch ein Schiff erscheint den Emigranten wie eine Arche Noah: Rettung, um welchen Preis auch immer. Viele der Passagiere sind spanische Republikaner, geflohen vor den Franco-Truppen über die Pyrenäen nach Frankreich. Fast eine halbe Million Spanier suchte 1939 nach dem Bürgerkrieg und der Niederlage der Republik dort Asyl, doch es war auch für sie keine endgültige Rettung. Als die Wehrmacht im Lande stand, mussten alle erneut auf die Flucht gehen.

Unter den deutschen Mitreisenden auf der „Capitaine Paul Lemerle" sind unter anderen Alfred Kantorowicz und seine Frau Friedel. Auf dem Oberdeck, unter weit besseren Bedingungen, fahren auch einige Franzosen auf diesem Schiff mit, darunter der Schriftsteller André

Breton und der Ethnologe Claude Lévi-Strauss, dessen Buch *Tristes Tropiques* (*Traurige Tropen*) 1955 weltberühmt werden wird.

Nachdem die Stadt Marseille mit ihrem weithin sichtbaren Wahrzeichen, der Kirche Notre Dame de la Garde hoch oben, am Horizont verschwunden ist, nimmt das Schiff seinen Kurs entlang der katalanischen Küste, bis zum ersten Halt im Hafen der algerischen Küstenstadt Oran. Danach fahren mehrere Schiffe im Konvoi weiter. Es wird ein Zickzackkurs, man muss vorsichtig sein, denn auch in Nordafrika stehen die Deutschen. Im Morgengrauen erreicht die „Capitaine Paul Lemerle" Ceuta. Mit dem Fernglas können die Passagiere den Felsen von Gibraltar erkennen. In der darauf folgenden Nacht laufen sie im Hafen von Casablanca ein. Doch die Flüchtlinge dürfen nicht von Bord. Es ist heiß und drückend. Die leuchtend weißen Häuser der Stadt können sie nur aus der Ferne erkennen. Der legendäre Film *Casablanca* von 1942, in dem die französischen Gäste einer Bar mit der *Marseillaise* die deutschen Offiziere kraftvoll übertönen, spielt beinahe in derselben Zeit.

Nach wenigen Tagen setzt das Schiff seine Fahrt fort. Mehrere Wochen dauert die Fahrt mit der „Capitaine Paul Lemerle". Es ist eine Reise, die aus der Gefahr in die Freiheit, aus Europa nach Amerika führt, über den Atlantischen Ozean, der allerdings ebenfalls umkämpftes Gebiet ist. Viele Schiffe auf den Transatlantikrouten aber erreichen ihr Ziel nie. Sie enden auf dem Grund des Ozeans – so wie auch in Anna Seghers' Roman *Transit* die „Montreal", mit der die Hauptfigur, der junge Ich-Erzähler Seidler, eigentlich hätte entkommen können: *Die Montreal soll untergegangen sein, zwischen Dakar und Marti-*

Von Marseille nach Martinique: Das Frachtschiff „Capitaine Paul Lemerle“

nique. Auf eine Mine gelaufen. So lautet bedeutungsvoll der erste Satz jenes Romans, den sie bald in Mexiko schreiben wird. Und schon spielen die Orte ihrer Fluchtroute eine Rolle darin.

Martinique, eine Insel der Kleinen Antillen, empfängt sie am 20. April mit allen Schönheiten eines tropischen Paradieses, mehr als drei Wochen, nachdem sie aus Marseille abgefahren sind. „Unser Aufenthalt in der Karibik: Das war eine Mischung vom Glück, den Nazis entronnen zu sein, von der Angst, nicht weiterzukommen, von dem mächtigen Eindruck dieser ersten Begegnung mit der Neuen Welt – Wärme, blauer Himmel, blauer Ozean, vollkommen andere, aber doch ganz ähnliche Menschen, die andere Natur, die andere Kultur, die andere Geschichte." So erinnert sich Ruth Radvanyi noch im Alter an die Ankunft auf Martinique.

Andere Geflüchtete sind bereits vor ihnen dort. Zu ihrer großen Überraschung wird Anna Seghers ein poetischer Empfang zuteil: Ein Mann in Badehose steht auf dem Landungskai und begrüßt seine alte Bekannte mit den von ihrem Sohn überlieferten Worten: „Anna, Anna, welch freudige Überraschung, dich hier auf den blauen Wogen der Karibik anschweben zu sehen." Es ist der Schriftsteller und Historiker Kurt Kersten aus Berlin, auch er ist auf der Flucht nach Übersee in Martinique gestrandet. Die Familie Radvanyi kommt ebenso wie Kersten in das Lager Le Lazaret, eine ehemalige Leprastation auf der Halbinsel Pointe du Bout. Sie werden von Soldaten bewacht, denn Martinique als französisches Überseegebiet wird von der Vichy-Regierung verwaltet. Das Lager ist kein KZ, doch die Weiterfahrt zu ihrem eigentlichen Ziel scheint von dort aus viel komplizierter. Und einige Wochen lang wissen sie nicht, wie es weitergehen wird. Die Kinder erkunden indessen die Umgebung und sind begeistert von den wunderbaren, palmenbestandenen Stränden. Etwas so Schönes haben sie noch nie gesehen.

Den Erwachsenen wird gestattet, einmal pro Woche mit einer Fähre in die gegenüberliegende Hauptstadt Fort-de-France zu fahren, um sich zu versorgen oder nach Post zu fragen. Vor allem geht es darum, eine Möglichkeit zur Weiterfahrt per Schiff zu erkunden. Im Mai 1941 gelingt es ihnen, Tickets für den Dampfer „Duc d'Aumale" nach New York zu bekommen, doch die Abfahrt scheitert im letzten Moment. So ergreifen sie wie einen Strohhalm in der Not das Angebot des Konsuls der Dominikanischen

Republik, mit einem Schiff seines Landes am nächsten Tag nach Ciudad Trujillo zu fahren, wie die dominikanische Hauptstadt Santo Domingo seit einigen Jahren zu Ehren des Diktators Trujillo heißt. Da die Radvanyis die Passage auf der „Duc d'Aumale" bereits bezahlt haben, müssen sie sich jetzt Geld für die Weiterfahrt borgen. Auf dem Schiff, der „Presidente Trujillo", gelangen sie über mehrere Zwischenstopps auf den Karibik-Inseln Guadeloupe und Sankt Thomas am 23. Mai nach Ciudad Trujillo.

Gut zwei Wochen dauert ihr Aufenthalt in der Dominikanischen Republik. Später wird sich Anna Seghers einmal erinnern, wie sie, von Müdigkeit und Erschöpfung geplagt, nur wenig von dieser Stadt auf der betörenden Antilleninsel wahrnimmt. Sie sieht die kleine Kolonialstadt, Reste von spanischem Barock, moderne Villen am Ufer, dahinter die erbärmlichen Hütten der Armen: *Ich fand ein Café mit einem Ventilator. Dort setzte ich mich oft hin, während wir ein geeignetes Schiff erwarteten, und schrieb an meinem Buch „Transit", das ich schon in Marseille begonnen und unterwegs auf dem Schiff fortgesetzt hatte.* Wenn die Gewalt der Ereignisse sie nicht vernichten soll, muss sie mit ihrer Literatur etwas dagegensetzen, muss sie schreiben. Bereits seit der Pariser Zeit und immer wieder in ihrem Exilleben sind die Cafés ihr Ort zum Schreiben und um Ruhe zu finden.

Anna Seghers schickt aus der dominikanischen Hauptstadt an ihren Freund F. C. Weiskopf die dringende Bitte um Geld für die Weiterreise: *Ich weiß sehr genau*, beteuert sie, *dass es auch für Euch schwierig ist, aber wir müssen unseren Weg fortsetzen und mit den Kindern ankommen und dürfen nicht in einem Lager auf den Antillen verkommen.* F. C. Weiskopf ist einer der selbstlosen Helfer, ohne den viele

Flüchtlinge nicht weitergewusst hätten. Der deutsch-jüdische Schriftsteller aus Prag, im selben Jahr geboren wie Anna Seghers, ist mit ihr seit 1928 durch das gemeinsame Engagement im Bund proletarisch-revolutionärer Schriftsteller verbunden. Weiskopf konnte mit seiner Frau Grete (der Kinderbuchautorin Alex Wedding) bereits 1939 nach New York emigrieren. Von dort aus unterstützt er zusammen mit der links stehenden League of American Writers die Schriftstellerkollegen, die in Frankreich in den Internierungslagern gestrandet sind. Auch für Anna Seghers hat er jetzt – wie schon vor der Abfahrt aus Marseille – erneut alles getan, um zu helfen. Vor allem hat er bereits im November 1940 über American Express aus den USA das Geld für die Überfahrt der Familie Radvanyi nach Amerika angewiesen. Immer wieder muss Anna Seghers ihn um Hilfe anflehen. Es ist ihr fatal, doch sie hat sonst niemanden, an den sie sich in dieser ausweglosen Situation der Flucht wenden könnte.

Der Schriftsteller Bodo Uhse lebt bereits im mexikanischen Exil. Auch er rühmt diesen Einsatz F. C. Weiskopfs mit den Worten: „Mit welchem Eifer und mit welcher menschlichen Wärme doch hat er, als viele der nach Frankreich emigrierten Schriftsteller durch den Einmarsch Hitlers in Gefahr waren, von New York aus um ihre Rettung gekämpft und gerungen." Ohne Weiskopfs Unverdrossenheit wären manche dieser Aktionen nicht gelungen.

Schon aus Pamiers am Fuß der Pyrenäen schreibt Anna Seghers ihm im Oktober 1940, es tue ihr unendlich leid, *dass unsere ganze Beziehung, unsere ganze Post aus heiklen und schmerzlichen Dingen* bestehe. Es ist ihr bewusst, dass sie den Freund unverhältnismäßig oft um Hilfe bitten muss, dass sie viel von ihm verlangt. Doch es gibt keine Alternative, wenn sie es schaffen will, die Familie zu retten und aus Frankreich wegzukommen, bevor die Deutschen auch den Süden des Landes besetzen. Dabei hilft ihr F. C. Weiskopf unsagbar viel. Die Sorge um die Kinder steht für die Mutter immer im Vordergrund. Bei dem Hin und Her der Flucht und der Lageraufenthalte fürchtet sie um ihre Entwicklung und ihr seelisches Gleichgewicht. Ihr Pragmatismus hilft ihr glücklicherweise, stets das Richtige für sie zu entscheiden.

Von Mexiko aus unterstützt Bodo Uhse die weitere Flucht der Familie Radvanyi. Am 1. Juni 1941 schreibt ihm Anna Seghers einen Brief, dankt für seine Telegramme und erklärt ihm die verfahrene Lage: … *trotz aller Bitten und Telegramme hat uns die League of Writers noch keinen Groschen hergeschickt, so daß wir nicht nur für die Weiterreise, sondern sogar für das Hotel kein Geld mehr haben (…). Hätten wir morgen das Geld, dann würden wir Dienstag über New York fahren. Warum über New York? Weil dorthin jede Woche Schiffe gehen und wir das Visum haben. Direkt über Cuba können wir noch gar nicht fahren.* Die Situation scheint so kompliziert und manchmal beinahe aussichtslos. Doch es bleibt kein anderer Ausweg, als weiter zu hoffen und zu warten.

Das Schiff „S.S. Borinquen“, mit dem die Radvanyis schließlich weiterfahren können, steuert das Ziel New York City an. Unterwegs legt es in San Juan, der Hauptstadt der Antillen-Insel Puerto Rico, an. Einige Jahre später werden diese Inseln mit den klangvollen Namen zum literarischen Raum für die Schriftstellerin. In ihren *Karibischen Geschichten*, dann, wenn sie bereits im grauen, kalten Nachkriegsdeutschland lebt, leuchten sie erneut

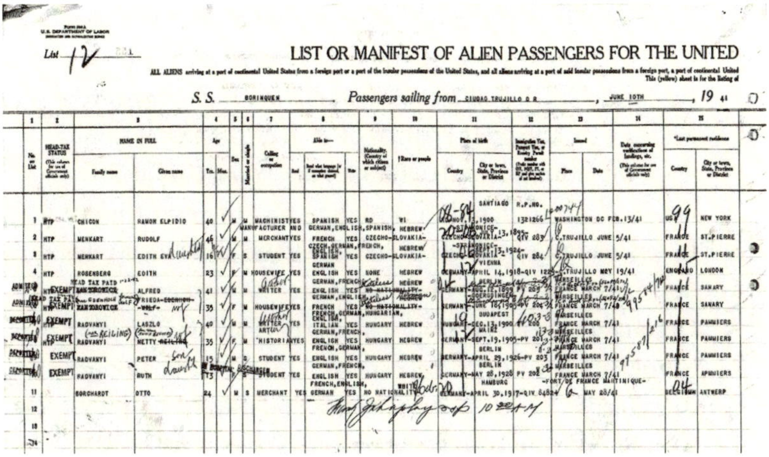

LIST OR MANIFEST OF ALIEN PASSENGERS FOR THE UNITED

S. S. BORINQUEN Passengers sailing from CIUDAD TRUJILLO D.R., JUNE 10TH, 1941

No. on List	Head-Tax Status	Family name	Given name	Age Yrs.	Sex	Married or single	Calling or occupation
1	HTP	CHICON	RAMON ELPIDIO	40	M	M	MACHINIST
2	HTP	MENKART	RUDOLF	46	M	M	MANUFACTURER AND MERCHANT
3	HTP	MENKART	EDITH EVA	16	F	S	STUDENT
4	HTP	ROSENBERG	EDITH	23	F	M	HOUSEWIFE
5	EXEMPT	KANTOROWICZ	ALFRED	41	M	M	WRITER
6	EXEMPT	KANTOROWICZ	FRIEDA	35	F	M	HOUSEWIFE
7	EXEMPT	RADVANYI	LASZLO	40	M	M	WRITER
8	EXEMPT	RADVANYI	NETTY	35	F	M	HISTORIAN
9	EXEMPT	RADVANYI	PETER	15	M	S	STUDENT
10	EXEMPT	RADVANYI	RUTH	13	F	S	STUDENT
11		BORCHARDT	OTTO	24	M	S	MERCHANT

Passagierlisten des Schiffes „Borinquen" nach New York

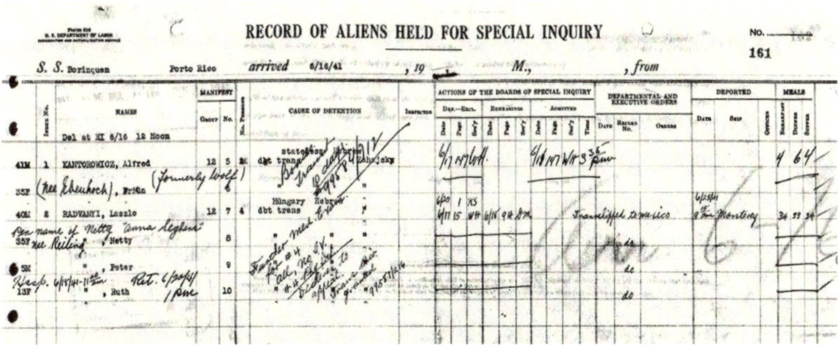

RECORD OF ALIENS HELD FOR SPECIAL INQUIRY

No. 161

S. S. Borinquen Porto Rico arrived 6/16/41

Del at EI 6/16 12 Noon

	Index No.	Names	Manifest Group	No.	Cause of detention
41M	1	KANTOROWICZ, Alfred	12	5	stateless, dbt trans
35F		(nee Eberhoch), Frieda (formerly Wolf)		6	"
40M	2	RADVANYI, Laszlo	12	7	Hungary, Hebrew, dbt trans
35F		Pen name of Netty "Anna Seghers" nee Reiling, Netty		8	"
5M		" , Peter		9	"
13F		" , Ruth		10	"

Einreiseuntersuchung im Hafen von New York: Familie Radvanyi und Ehepaar Kantorowicz

auf, etwa in der Novelle *Die Wiedereinführung der Sklaverei auf Guadeloupe*.

Anna Seghers und Laszlo Radvanyi haben zu diesem Zeitpunkt noch die Absicht, als Emigranten in die USA zu gelangen, denn dort verspricht sich die Schriftstellerin bessere Chancen für ihre berufliche Zukunft. Doch vorsichtshalber haben sie sich in der mexikanischen Vertretung in Santo Domingo die Visa für Mexiko bestätigen lassen, die ihnen Gilberto Bosques in Marseille ausgestellt hat. Am 10. Juni 1941 können sie endlich mit dem Dampfer „S.S. Borinquen“ Richtung New York City weiterfahren. Dort treffen sie am 16. Juni ein. Inspektoren der Einwanderungsbehörde prüfen die Pässe und Transitvisa der Ankommenden, ein Marinearzt begutachtet ihren Gesundheitszustand. Plötzlich wird die Familie Radvanyi beiseitegenommen: Ihre Tochter leide erkennbar an einer Störung des Zentralnervensystems und müsse zur weiteren Untersuchung in ein Krankenhaus gebracht werden. Ruth ist in der Tat kurzsichtig, trägt aber keine Brille und zwinkert deshalb häufig. Das wird zum Vorwand genommen, die Radvanyis auf die Einwanderungsinsel Ellis Island zu bringen, wo sie auf eine Entscheidung zu warten haben.

Schon in Marseille hat Anna Seghers immer wieder erfolglos versucht, Visa für die USA zu erhalten. Den Behörden muss bekannt gewesen sein, dass das Ehepaar Radvanyi Mitglied einer kommunistischen Partei ist – Grund genug für sie, die Einwanderung zu verweigern. Die politischen Vorgaben für Einwanderungsgenehmigungen sind sehr rigide. In den FBI-Akten sind Anna Seghers und Laszlo Radvanyi bereits als „camouflaged Communists“ registriert. So werden sie nun zum wiederholten Male interniert. Der mitreisende Alfred Kantorowicz und seine Frau hingegen bekommen die Einreiseerlaubnis in die USA.

In dem Gebäude, wo die Wartenden untergebracht werden, befinden sich Telefonzellen, von denen aus man in die Stadt telefonieren darf. So können die Radvanyis wenigstens ihren Bekannten in New York City Bescheid geben, wie es um sie steht und wo sie festsitzen. Es ist sogar möglich, Besuch zu empfangen, nur verlassen dürfen sie die kleine Insel Ellis Island, die zum Hafengebiet von New York gehört, nicht. Der Literaturagent Maxim Lieber, bei dem sich F. C. Weiskopf erfolgreich für Anna Seghers und ihr Manuskript *Das siebte Kreuz* eingesetzt hat, bringt ihr tatsächlich den Vertrag des Verlages Little, Brown and Companie aus Boston zur Unterschrift.

Es ist wie ein Wunder: Man verweigert ihnen die Einreise in die USA, doch der Roman, der bald den Weltruhm der Autorin begründen soll, wird von einem US-Verlag angenommen und damit auf den Erfolgsweg gebracht. Das alles geschieht unter den seltsamsten Umständen: Als Internierte, im Wartezustand und ohne Rechte, unterschreibt Anna Seghers den Vertrag für ihren kommenden größten Erfolg als Schriftstellerin.

Am Morgen des 23. Juni 1941 kommt die Nachricht, dass die deutsche Wehrmacht am Tag zuvor die Sowjetunion überfallen hat. Das ist ein Schock für alle und bedeutet eine furchtbare Eskalation des Krieges. Zugleich, so erinnert sich Pierre Radvanyi, sind seine Eltern aber auch erleichtert. Denn diese Zuspitzung, das glauben fast alle, könnte zum Ende Hitlerdeutschlands führen.

Schließlich wird Ruth zur Familie zurückgebracht. Man hat ihre Kurzsichtigkeit festgestellt, aber gleichzeitig angewiesen, das Mädchen genauer zu untersuchen. Das würde etwa einen Monat dauern, währenddessen die Familie weiter auf Ellis Island bleiben müsse. Sie habe aber auch die Möglichkeit, das nächste reguläre Schiff nach Mexiko zu nehmen, das ja ihr eigentliches Reiseziel sei. So entscheiden sich Anna Seghers und Laszlo Radvanyi am Ende doch für Mexiko als die sicherste Lösung. Schon am nächsten Tag werden sie deshalb zum Passagierschiff „Monterrey“ gebracht, das Kurs auf Veracruz nimmt. Das Schiff macht Zwischenstation in Havanna, doch wieder dürfen sie nicht von Bord gehen. Schließlich erreichen sie am 30. Juni 1941 in Veracruz ihr Zufluchtsland Mexiko – mehr als drei Monate, nachdem sie mit der „Capitaine Paul Lemerle“ Marseille verlassen haben.

Aus der Rückschau wird Anna Seghers einmal sagen, dass sie, um dorthin zu gelangen, länger gebraucht haben als Kolumbus.

„… wie ein anderer Stern“: Die Ankunft

Alles erscheint unwirklich. Später wird es ihnen vorkommen, als seien sie in einem Kino gewesen und hätten einen Abenteuerfilm voller unwahrscheinlicher Gefahrensituationen gesehen, aus denen die Protagonisten am Ende mit viel Glück doch noch davonkommen. Aber es hat weit mehr Kraft gekostet, als man ihnen äußerlich wohl ansieht.

Es ist der 30. Juni 1941, als die Radvanyis im Hafen von Veracruz erstmals mexikanischen Boden betreten. Die Regenzeit hat gerade begonnen. Es ist heiß und feucht in der tropischen Region. Am Hafen holt Gertrude Duby sie ab, eine aus der Schweiz stammende Journalistin und Fotografin, Sozialistin, die sich ebenfalls über Paris und New York nach Mexiko gerettet hat. Sie begleitet die Familie Radvanyi in die Hauptstadt Ciudad de México. Dort werden sie wohnen. Mit dem Zug der Ferrocarril Interoceánico de México fahren sie die lange Strecke ins Hochland. Malerisch windet sich die Bahnstrecke von der Küste der Karibik durch die grünen Berge. Sie sind gefesselt von der fremden Schönheit der Landschaft, den Dörfern unterwegs, die so ganz anders aussehen als in Europa.

Riesige Agavenpflanzungen im zentralen Hochland von Mexiko bestimmen die charakteristischen Landschaften. Die Opuntie, auch Feigenkaktus genannt, ist allgegenwärtig in Mexiko. Auf Schritt und Tritt begegnet man in der Landschaft jenen stachligen Kakteen, die gekrönt werden von den essbaren roten, sehr vitaminreichen Früchten. In Pablo Nerudas Gedicht *In den Mauern Mexikos* von 1943 heißt es: „Ich kenne deine Opuntienkrone/ und weiß, unter ihren Wurzeln/ formt sich deine unterirdische Gestalt, Mexiko,/ mit den heimlichen Wassern der Erde/ und den blinden Barren der Minen."

Die Hauptstadt Mexiko-Stadt, das alte Tenochtitlán der Azteken, wirkt riesig und scheint sich auf der gesamten Hochebene auszudehnen. Das unvergleichliche Licht blendet die Neuankömmlinge und nimmt sie gleich gefangen. Mexiko ist anders als alles, was sie kennen. Die Metropole liegt in 2 300 Metern Höhe und hat mehrere Millionen Einwohner. Es gibt hier im Hochland keine Jahreszeiten wie in Europa, lediglich eine Trockenzeit von November bis März und dann die Regenzeit von April bis Oktober. Mexiko sei ihr *wie ein anderer Stern* vorgekommen, wird Anna Seghers rückblickend einmal sagen. Es gilt, sich gründlich umzugewöhnen.

Der Wunsch, nach all dem Hin- und Hergeworfensein durch Länder und Meere endlich irgendwo ankommen und bleiben zu dürfen, dominiert zunächst jedes Gefühl. Zwar wird es in der Erzählung *Der Ausflug der toten Mädchen* noch heißen: *Um Rettung genannt zu werden, dafür war die Zuflucht in diesem Land zu fragwürdig und zu ungewiss.* Dennoch ist es die Rettung. Und bald schon müssen sie sich im ungewohnten Alltag zurechtfinden: eine neue Stadt, ein neues Land, eine neue Sprache. Und: neue Freunde – das vor allem!

Der Reichtum eines Lebens speist sich auch aus der Fülle der Begegnungen. Anna Seghers hat sich das Land über seine Menschen erschlossen. Sie schließt Freundschaften. Die Lebhaftigkeit und Unbeschwertheit der mexikanischen Frauen nimmt sie von Anfang an für sie ein. Eine der liebsten Freundinnen wird ihr Clara Porset, die, aus Kuba stammend, mit dem bekannten Maler Xavier Guerrero verheiratet ist. Anna Seghers lernt das Ehepaar am 18. November 1941 auf der Geburtstagsfeier des Bauhausarchitekten Hannes Meyer kennen, der ebenfalls hier im Exil lebt. Und sie feiern über Mitternacht hinweg, denn nun, am 19. November, hat Anna Seghers Geburtstag. Beide Frauen sind im selben Alter, Jahrgang 1900. Und schnell entdecken sie eine besondere Zuneigung zueinander: die schöne Kubanerin und, nach einem Wort von Xavier Guerrero, die „schöne Chinesin" Anna. Clarita, wie alle Freunde sie nennen, wird Anna Seghers in der ersten Zeit am meisten helfen, sich in der neuen Umgebung zurechtzufinden. Sie ist eine moderne, berufstätige Frau, die sich im Land auskennt und viel Sinn hat für die zeitgenössische Kunst. Da Anna Seghers die Malerei liebt, sind sie beide wie geschaffen füreinander. Über Clarita lernt sie nicht nur die Bilder von Guerrero kennen, sondern daneben das Dreigestirn der großen mexikanischen Wandmaler, der Muralistas, im Volksmund Los Tres Grandes genannt: Diego Rivera, José Clemente Orozco und David Alfaro Siqueiros. Gerade aus dieser Begegnung mit der Malerei des Landes werden sich für die Schriftstellerin lebenslang fruchtbare Impulse ergeben. Die Kunst der mexikanischen Wandmaler fasziniert sie. Es ist das ganz andere zur europäischen Tradition! Sie sagt selber von sich, *dass ich fast mehr mit bildender Kunst gelebt habe als mit Literatur*. 1947 wird sie, kaum zurückgekehrt nach Deutschland, über die Kunst der mexikanischen Wandmaler den Essay *Die gemalte Zeit* schreiben.

Clarita Porset ist Innenarchitektin und Designerin, die in ihren Arbeiten eine Nähe zum Bauhaus vertritt, was Anna Seghers sehr interessiert. Sie hat in New York und in Paris studiert. Ein fotografischer Blick in die Wohnung von Clarita und Xavier Guerrero zeigt übrigens genau jenen Sessel aus Holz und Korbgeflecht, für den sie berühmt wird und dessen Muster im Museum of Modern Art in New York ausgestellt ist. Oft werden die beiden Frauen zusammen in Mexiko-Stadt Ausstellungen und Museen besucht haben. Die enge Verbindung wird später noch viele Jahre brieflich aufrechterhalten. Anna Seghers wünscht sich in der ersten Zeit im kalten, grauen Nachkriegsdeutschland voller Ruinen und Schutt vergebens, dass Clarita und Xavier nach Berlin kämen, *um einige verrückte Wandbilder zu malen*. Wenn sie ihnen dann nach Mexiko schreibt, *wir haben hier im Volk der kalten Herzen Sehnsucht nach Eurer Wärme*, so meint das keineswegs in erster Linie Sonne und tropische Landschaften, sondern die vertraute, offene Atmosphäre einer verlässlichen Freundschaft. Erst in den frühen Sechzigerjahren gibt es während einer Europareise von Clara Porset-Guerrero ein längeres Wiedersehen der beiden Freundinnen.

Jetzt aber leben sie in der Hauptstadt Mexikos, und Anna Seghers ist froh, eine Freundin gefunden zu haben, an deren Seite alles leichter zu bestehen ist – oder, wie es in ihrem Roman *Das siebte Kreuz* bedeutungsvoll heißt: *Jetzt sind wir hier. Was jetzt geschieht, geschieht uns.*

Überall im Land begegnet den Neuankömmlingen die auffällige Fahne: Adler und Schlange bevölkern das Wappen von Mexiko seit 1822 und bilden fast unverändert bis heute das Staatsemblem der Vereinigten Staaten von Mexiko: Der Feigen-Kaktus (Opuntia), auf dem ein Adler landet, eine Schlange in den Krallen – das Symbol für die Lagune, in der die Azteken (oder Mexica) einst Tenochtitlán erbauten, ihre Hauptstadt, das spätere Ciudad de

México. Tenochtitlán bedeutet in der Sprache der Azteken „Ort des Kaktus auf dem Stein“. Die Gründung der schon damals riesigen Stadt Tenochtitlán um 1340 geht der Legende nach auf eine Weissagung der aztekischen Götter zurück: Gründet dort eure Siedlung, wo ihr einen Adler seht, der sich auf einem Kaktus niederlässt und eine Schlange verspeist. Die dominierenden Farben des Wappens sind Grün, Weiß und Rot – jene Farben also, die so charakteristisch für Landschaft und Flora Mexikos sind.

Bei der Ankunft in Mexiko bringen die Geflüchteten auch all das Vergangene mit, die extremen Situationen des Verfolgtseins, des Abgewiesenwerdens, der Ausweglosigkeit, die in den letzten Jahren ihre Existenz bestimmt haben. Nichts ist vergessen: nicht die Angst um Rodi, der im Lager saß, nicht die Beklemmungen, wenn Anna in den Konsulaten immer wieder vertröstet wird, ob man ihr und der Familie den rettenden Aufenthalt in einem Überseeland bewilligen wird. Das Bewusstsein der Lebensgefahr sitzt ihr noch immer im Nacken. Thomas Mann, der im Exil in Kalifornien lebt, hat einmal vom „Herzasthma des Exils“ gesprochen – mit diesem Begriff bringt er das Trauma der Emigranten auf den Punkt, alles verloren zu haben, was bis dahin ihr Leben ausmachte. Treffender kann man dieses Gefühl der Ohnmacht nicht bezeichnen.

Von den abenteuerlichen, oft lebensgefährlichen Unternehmungen ihres Lebens werden die Jahre in Mexiko zu den ereignisreichsten gehören. Anna Seghers ist jetzt im einundvierzigsten Lebensjahr, in der Mitte ihres Lebens. Noch sieht man ihren Zügen die qualvollen Anstrengungen der letzten Monate nicht an. Sie ist noch immer eine schöne Frau, eine elegante Erscheinung. Die französische Freundin Jeanne Stern wird sie einmal so beschreiben: „Ihr dichtes, langes Haar, madonnenhaft gescheitelt, schlang sie auf dem Nacken zu einem schweren Knoten. In jenen Jahren, da wir, bubiköpfig und möglichst dürr, uns bemühten, wie die damaligen kessen Bengels auszusehen, ähnelte ihre stolze, üppige Gestalt den Statuen von Maillol." Doch das Leben in Mexiko wird sie verändern, ihrer Gesundheit schwer zusetzen.

Auch die beiden Kinder müssen noch einmal ganz von vorn beginnen. Zum zweiten Mal in ihrem noch jungen Leben haben sie alles verloren, was ihnen lieb und vertraut geworden war. „Wie oft habe ich jene beneidet", so beginnt Pierre Radvanyi Jahrzehnte später sein Buch *Jenseits des Stroms. Erinnerungen an meine Mutter Anna Seghers*, „die der Region ihrer Herkunft, dem Dorf oder der Stadt, verbunden blieben, wo sie Freunde behalten haben und ihre Familien über Generationen lebten, wohin sie immer wieder zurückkehren und ihre Erinnerungen auffrischen können. All das habe ich nicht gehabt." Dennoch versucht Anna Seghers auch in Mexiko stets, den Kindern ein Zuhause zu errichten, „sei es auch nur", sagt die vertraute Freundin Steffie Spira, „mit einem Tischtuch und ein paar Servietten, die, wenn möglich, aus Leinen waren". Das Aufrechterhalten eines gewissen Rahmens schafft auf diese Weise auch äußerlich Sicherheit für die Familie.

Mit dem Dichter Pablo Neruda, den Anna Seghers in Madrid kennengelernt hat, ergibt sich eine lebenslange Freundschaft. Damals war er Generalkonsul Chiles im republikanischen Spanien. Jahre später, nach dem Krieg, als er selber ein Flüchtling geworden ist, wird sie sich für ihn einsetzen, indem sie an die internationale Solidari-

Pablo Neruda hält die Begrüßungsrede für Anna Seghers

tät appelliert. Und ausgerechnet Pablo Neruda fungiert jetzt, da die Familie Radvanyi hier ankommt, wiederum als Generalkonsul Chiles in den Vereinigten Staaten von Mexiko. Wenn das kein Fingerzeig des Himmels ist! Von 1940 bis 1943 wird er dieses Amt ausüben. Er hält die Begrüßungsansprache auf dem liebevollen Empfang, den man für Anna Seghers ausrichtet. Auf einem Plakat, das man in einem zauberhaften Garten aufgehängt hat, heißt es in deutscher Sprache: „Willkommen Anna! Für dich das berühmte madrilenische Kozido". Dabei handelt es sich um ein volkstümliches Gericht aus Kichererbsen, Kartoffeln und Fleisch. Anna ist glücklich: Sie sind unter Freunden, was könnte es Besseres geben.

An den Freund Wieland Herzfelde in seinem Exilort New York schreibt sie am 12. Juli 1941 aus Mexiko, sie seien glücklich angekommen. *Soweit ich hier schon was vom*

Leben gerochen habe, gefällt es mir sehr. Ein erster Eindruck, noch unbestimmt, aber doch authentisch.

Die Natur ist ganz anders, das Klima, die Pflanzen. Hatte ihnen im letzten Winter in Frankreich der scharfe, kalte Mistral zugesetzt, der um die Straßenecken in Marseille wehte, wenn sie zu den Konsulaten unterwegs waren, so empfängt sie jetzt die milde Luft im Hochland von Mexiko mit dem Versprechen: Hier lässt es sich leben. Wenn die Jacaranda-Bäume ihre leuchtend blau-violetten Blüten entfalten, noch bevor sie Blätter austreiben, dann hat sie das Gefühl, nun wirklich in den Tropen zu sein.

Dann folgt der große Tag beim Präsidenten der Republik: Einige Monate sind sie bereits im Land, da gibt es am 19. November 1941 einen Empfang bei Manuel Ávila Camacho, eine Audienz im Nationalpalast. Dieser eindrucksvolle Bau liegt direkt am Zócalo, dem riesigen, imposanten Platz der Hauptstadt, der von seiner Fläche her zu den größten der Welt gehört. Die Immigranten sollen die Gelegenheit bekommen, dem Präsidenten für die Aufnahme in Mexiko zu danken.

Vorgänger Ávila Camachos als Präsident ist von 1934 bis 1940 Lázaro Cárdenas, ein General mit einer sehr liberalen Politik, die sein Land auch wirtschaftlich in die Unabhängigkeit von den USA führen soll. Zu Cárdenas' großen Verdiensten gehört die Verstaatlichung der Ölgesellschaften, der Elektrizitätswerke und der Eisenbahn. Er beginnt ein großes nationales Programm, dessen Hauptsäulen die Bodenreform und eine Bildungsreform sind, für die ärmeren und weitgehend analphabetischen Schichten der Landbevölkerung so dringend notwendig. Die Einführung der allgemeinen Schulpflicht ist eine entscheidende Leistung. Damit wird das historische Selbstbewusstsein des mexikanischen Volkes gestärkt, nicht zuletzt durch die Gründung des Instituto Nacional de Antropología e Historia 1939. Die archäologischen Ausgrabungen werden gefördert, um sich auf die präkolumbianische Geschichte der indigenen Völker zu besinnen. Vor allem ist es die konsequent antifaschistische Haltung des Präsidenten Cárdenas, die für die Emigranten aus Europa zum Rettungsanker wird. Ganz bewusst werden jüdische Flüchtlinge aufgenommen. Mexiko lässt ihnen so viel politische und persönliche Freiheiten wie kaum ein anderes Exilland.

„Wo sonst gab es in den Kriegsjahren 1941–1945 eine solche Großmut?“, wird sich die aus Prag stammende Schriftstellerin Lenka Reinerová später voller Dankbarkeit erinnern. „Im Lande von Lázaro Cárdenas und Manuel Ávila Camacho verlangte man von den lebensbedrohten fliehenden Menschen weder eine finanzielle Kaution noch die eidesstattliche Erklärung, sie würden nach ihrer Ankunft keine Arbeit annehmen und also tunlichst nur von Licht und guter Laune leben; man wollte nicht wissen, welcher Konfession sie angehörten; man nahm sie auf und ließ sie als freie Menschen leben. Mexiko war in der Tat ein Asylland.“

Jetzt, 1941, ist General Manuel Ávila Camacho der neue Präsident. Er setzt die unter Cárdenas begonnene existenzielle Hilfe für Flüchtlinge aus Hitlerdeutschland fort. Wie sein Vorgänger ist er ein bekennender Hitlergegner. Die Audienz findet im großen Saal des Präsidentenpalastes statt, und man hat gerade die Radvanyis als Familie mit zwei Kindern ausgewählt, diesen Dank auszudrücken. Was mögen sie empfunden haben in diesem Augenblick? Aufregung sicherlich, aber auch Verwunderung, dass ihnen das tatsächlich geschieht: Vor kurzem noch zu den Heimatlosen und Rechtlosesten der Welt gehörend, widmet ihnen jetzt dieser General seine persönliche Zuwendung. Großzügig öffnet ihnen Mexiko seine Tore als neue Heimat. Es ist obendrein auch noch der Geburtstag von Anna Seghers. Tochter Ruth überreicht dem Präsidenten einen Blumenstrauß, während Pierre einige Worte auf Spanisch spricht, die er auswendig gelernt hat.

Ganz sicher hat das seine Wirkung nicht verfehlt, denn Mexiko betreibt, anders als die USA, eine wirklich liberale Einwanderungspolitik. Bewusst nimmt das Land Menschen auf, die wegen ihrer linken politischen Positionen verfolgt und vertrieben worden sind. Vor allem aus Spanien, das nach der Niederlage der Republikaner im Bürgerkrieg nun von der faschistischen Diktatur des Generals Franco beherrscht wird, kommen tausende Flüchtlinge nach Mexiko. Viele von ihnen waren am Ende der Kämpfe 1938 zunächst über die Grenze nach Frankreich geflohen. Doch dort wurden sie von der Vichy-Regierung brutal behandelt, unter oft unmenschlichen Bedingungen in der Nähe der Pyrenäen in Lagern interniert und waren nun erneut äußerst gefährdet.

Gilberto Bosques war damals der Generalkonsul der Vereinigten Staaten von Mexiko in Frankreich, bis 1940 mit Sitz in der Hauptstadt. Nachdem die deutsche Wehrmacht im Juni 1940 Paris besetzte, wurde das Konsulat nach Marseille verlegt, in die von der Vichy-Regierung verwaltete „freie Zone". Bosques ist einer derjenigen, der zahllosen politischen Flüchtlingen in auswegloser Lage selbstlos geholfen hat: In der Nähe von Marseille mietete er zwei Schlösser an, die de facto als mexikanisches Staatsgebiet galten. Er sorgte für die vorübergehende Unterbringung der zumeist völlig mittellosen Flüchtlinge, spanische Republikaner und Interbrigadisten, beschaffte ihnen die Möglichkeit, einem Broterwerb nachzugehen – und stellte ihnen das rettende Visum für Mexiko aus. Auf diese Weise ermöglichte Bosques etwa 40 000 Flüchtlingen von Marseille aus die Flucht nach Mexiko. Von ihm erhielt auch Anna Seghers, als sie Anfang 1941 in Marseille von Konsulat zu Konsulat hetzte, die Einreiseerlaubnis für sein Heimatland.

Schnell vergeht die erste Zeit, in der so viel Neues auf sie einstürmt. Um wirklich anzukommen, muss sich die Familie Radvanyi zuerst eine Wohnung suchen. Die Hilfsbereitschaft unter den Emigranten bewährt sich, und vorübergehend nehmen Leo Katz und seine Frau Bronia die Kinder Peter und Ruth bei sich auf. Sie haben Kinder im selben Alter, das gibt Peter und Ruth das Gefühl, sich schnell einleben zu können. Währenddessen gehen Anna Seghers und Laszlo Radvanyi die ersten Schritte im neuen Land. Sie treffen auf andere Emigranten, die sie aus Frankreich kennen oder denen sie in Spanien begegnet sind. Darunter ist etwa Rudolf Neumann, ein Kinderarzt aus Deutschland, der im Spanischen Bürgerkrieg bei den Internationalen Brigaden als Arzt im Einsatz war. Er wird auch ihr Arzt werden.

Nach kurzer Zeit finden sie ihre erste Wohnung, Calle Río de la Plata 25, zur Miete. Laszlo Radvanyi, der außerordentlich sprachbegabt ist und insgesamt sieben Sprachen beherrscht, hat die Zeit im Internierungslager Le Vernet in Frankreich genutzt, um Spanisch zu lernen. Das wird ihm einen beruflichen Neubeginn erleichtern. Rodi unterrichtet bald darauf an der Arbeiter-Universität. Die Kinder gehen zur Schule; die Mutter hat sie im Liceo Franco-Mexicano, dem Französischen Gymnasium, angemeldet. So müssen sie nicht noch einmal ganz von vorn beginnen und eine neue Sprache lernen. Ihre Mitschüler sind Franzosen und Mexikaner, aber auch viele Geflüchtete aus Spanien. Die Wohnung der Radvanyis liegt nicht weit entfernt, die Schule ist für die Kinder zu Fuß zu erreichen. Das Leben nimmt allmählich wieder einen normalen Gang. *Jeder hat ein Bett, einen Tisch, einen Stuhl und ich kann wieder arbeiten*, berichtet Anna Seghers an F. C. Weiskopf.

Die beste Nachricht: Anna Seghers schreibt wieder. Mexikanische Freunde haben ihr eine Schreibmaschine besorgt, eine gebrauchte Remington aus den Dreißigerjahren, zierlich und gut handhabbar, sodass sie auch auf Reisen später immer mit dabei sein wird. Jetzt sitzt sie an der Remington und konzentriert sich ganz auf die Arbeit. Sie muss wieder ins Schreiben kommen, nur so findet sie ihren Ruhepol. Der Roman, der in Marseille spielt, geht gut voran.

Mitten in der Situation der Gefahr – sie befinden sich im dritten Jahr des Weltkrieges – wird Anna Seghers mit einem Mal bewusst, dass es trotz allem gute Zeiten sind: Sie hat ihre Familie gerettet, sie sind alle zusammen. Noch vor wenigen Monaten war das so ungewiss wie nur irgendetwas. Es stand alles auf dem Spiel, ja es ging um Leben und Tod. Da hat sie aus Marseille an die Freunde in Übersee geschrieben: *Ich kann Euch unser Leben nicht schildern. Dante, Dostojewski, das waren Bagatellen! Das hier – das ist ernst!* Besonders in Briefen an F. C. Weiskopf, der beinahe ihre einzige Hoffnung auf Hilfe war, beschrieb sie die *teuflische Situation*, in der sie sich mit den Kindern befand, während Rodi im Internierungslager saß.

Anfangs hatte sie oft die bedrückende Vorahnung, dass diese Station des Exils sie endgültig festhalten könnte, dass also der Verlust der Heimat für immer droht. Würde Hitlers Armee die ganze Welt besetzen? Eine grauenhafte Vorstellung. Die Geschichte des 20. Jahrhunderts hätte auch anders ausgehen können – die Flüchtlinge konnten noch nicht wissen, was ihnen bevorstand.

Alles war auf der Flucht, alles war nur vorübergehend, aber wir wussten noch nicht, ob dieser Zustand bis morgen dauern würde oder noch ein paar Wochen oder Jahre oder unser ganzes Leben. Das schreibt sie im Roman *Transit*, und es sieht in den ersten Jahren in Mexiko auch gar nicht danach aus, dass es anders kommen würde. Erst nach der Schlacht von Stalingrad im Januar und Februar 1943, als klar wird, dass die Hitler-Truppen zu besiegen sein würden, keimt die Hoffnung auf ein Ende des Exils auf.

Während Anna Seghers schreibt, erlebt sie das Chaos in Marseille noch einmal, das Durcheinander, die Angst der Gestrandeten, nicht rechtzeitig fortzukommen. Vor allem die aufgeladene, hektische Atmosphäre in den Cafés und Bistros am Alten Hafen, wo die Emigranten nach einem nervenaufreibenden Tag in den überfüllten Wartezimmern der Konsulate einen Moment der Ruhe, des Innehaltens suchen: *Ihr tolles Geschwätz erfüllte die Luft, das unsinnige Gemisch verwickelter Ratschläge und blanker Ratlosigkeit.*

Damals kamen sie sich alle nur noch wie Bittsteller vor, denen man das Wichtigste entziehen kann: ihren Pass, ihre Identität – und damit ihre Würde. Das Paradoxe dieser Situation ist, dass der einzelne Mensch an sich nichts zählt, sondern nur die Tatsache, ob er einen gültigen Pass vorweisen kann. 1940 hat Bertolt Brecht in seinen *Flüchtlingsgesprächen* jene sarkastische Sentenz als Grunderfahrung der Exilierten niedergeschrieben: „Der Paß ist der edelste Teil von einem Menschen. Er kommt auch nicht auf so einfache Weise zustand wie ein Mensch. Ein Mensch kann überall zustandkommen, auf die leichtsinnigste Art und ohne gescheiten Grund, aber ein Paß niemals. Dafür wird er auch anerkannt, wenn er gut ist, während ein Mensch noch so gut sein kann und doch nicht anerkannt wird."

Mit dem Schreiben aber fühlt Anna Seghers allmählich wieder Boden unter den Füßen. So ist es schon immer gewesen: Wenn sie sich in ihren Text vertieft, gewinnt sie Festigkeit und weiß wieder genau, was sie kann, was sie mit ihrer Literatur erreichen will. Heinrich Böll, ein anderer großer deutscher Erzähler, wird eines Tages über *Transit* sagen, dieser Roman sei „mit solch somnambuler Sicherheit geschrieben, fast makellos".

Schon auf dem Schiff, das sie aus Europa fortbrachte, hat Anna Seghers ihrem Sohn Pierre erzählt, an was für einer Geschichte sie arbeitet. Immer wieder macht sie sich unterwegs Notizen für den Roman. Bereits in den Wartezimmern der Konsulate in Marseille, während der Stunden des zermürbenden Hoffens und Ausharrens, hat sie die Idee zu diesem Buch festgehalten. Einmal fragt sie Pierre, was er denke, ob die Hauptfigur, ein junger deutscher Flüchtling, am Ende in Frankreich bleiben oder sich vor der heranrückenden Wehrmacht in Sicherheit bringen und nach Übersee fliehen soll. Ein Hauptmotiv des Romans ist die Entscheidung: gehen oder bleiben? Und Pierre, ein Fünfzehnjähriger, für den diese Fluchtgeschichten immer auch einen Hauch des Abenteuerlichen haben, antwortet ihr überzeugt, der Mann müsse unbedingt dableiben und mit seinen französischen Freunden gegen die Deutschen kämpfen. So wird die Schriftstellerin ihren Roman denn auch tatsächlich enden lassen. Doch für sie selber und ihren Mann, jüdische Kommunisten, die doppelt gefährdet waren, gab es diese Wahl nicht. Sie mussten sich zu retten versuchen, kostete es, was es wollte.

Anna Seghers kennt sich gut aus in den großen Mythen und in den Geschichten der Bibel, des Alten Testaments. Vielleicht fällt ihr der Spruch ein, der in der Genesis überliefert ist: „Und der Herr sprach zu Abraham: Gehe aus deinem Vaterlande und von deiner Freundschaft und aus deines Vaters Hause in ein Land, das ich dir zeigen will." So ist es nun gekommen: ein Land, das eine Zukunft für sie und ihre Familie verheißt.

Freundschaften sind in diesen Wirren der Zeit geradezu überlebensnotwendig. Welche Wege sie auch nehmen mussten, mit welchen Schiffen sie gekommen waren, welche Hindernisse sie zu überwinden hatten, um hierher zu gelangen – in Mexiko treffen sie wieder aufeinander und bilden erneut einen Freundeskreis: die Kischs und die Sterns, Lenka Reinerová, Bruno Frei, Walter Janka und die anderen. Später wird sich die junge Pragerin Lenka Reinerová einmal dieser „unwiederholbaren Gruppe von ständig durcheinandergeschüttelten und immer und überall wieder zueinanderfindenden Schar von Schicksalsgefährten und Freunden" erinnern, deren Wege durch die Länder und Städte des Exils sie alle für immer verbunden haben.

Einige Monate nach den Radvanyis, im Dezember 1941, kommt auch die Schauspielerin Steffie Spira mit ihrem Mann Günter Ruschin und ihrem kleinen Sohn Tomas in Veracruz an, den sie im ersten Jahr des Exils, im November 1933 in Paris zur Welt gebracht hat. Das Ehepaar war, wie so viele deutsche Emigranten, am 1. September 1939 von den französischen Behörden verhaftet worden, während der kleine Sohn in einem französischen Kinderheim in Angers untergebracht war, wohin man seinen Kindergarten bei Kriegsbeginn aus Paris evakuiert hatte. Das wurde zu einem großen Problem, als Steffie Spira im Frauenlager Camp de Rieucros interniert wurde. Es lag in der Stadt Mende, Département Lozère, im südlichen Teil Frankreichs. Unter größten Schwierigkeiten gelang es ihr schließlich über das französische Rote Kreuz, Weihnachten 1939 ihren Tomas zu sich ins Frauenlager zu holen. Günter Ruschin war, wie Laszlo Radvanyi, im Lager Le Vernet interniert und dann ebenfalls nach Les Milles verlegt worden. Von dort aus konnten sie endlich mit einem Visum für Mexiko aus der Gefahrenzone entkommen. Steffies zweites Kind, ein kleines Mädchen, wurde auf der Flucht der Familie in Madrid im achten Monat geboren und war nicht lebensfähig; es starb wenige Tage nach der Geburt.

Steffie Spira und Anna Seghers hatten sich bereits im Berlin der Zwanzigerjahre kennengelernt. Immer wieder kreuzten sich ihre Wege. In Paris hatte Steffie zu der kleinen Theatertruppe gehört, die im Oktober 1937 Brechts Stück aus dem Spanischen Bürgerkrieg *Die Gewehre der Frau Carrar* in der Salle Adyar aufgeführte. Diese zwei, drei Vorstellungen waren eine der ganz wenigen Gelegenheiten für die Schauspielerin Helene Weigel, während der langen Exiljahre überhaupt einmal wieder auf einer Theaterbühne stehen zu können, und sie verkörperte die

Teresa Carrar mit all ihrer Leidenschaft und ihrem großen Können. Später, nach der Rückkehr aus dem Exil, werden die drei Frauen ihre alte Freundschaft in Berlin pflegen. Solche Lebensfreundschaften gehören zum Dauerhaftesten, was das Dasein in diesen unruhevollen Zeiten befestigt.

Unverhofft trifft Anna Seghers in Mexiko aber auch eine alte Bekannte aus Mainzer Tagen wieder, die Ärztin Ursula Meyer. Sie ist mit ihrem holländischen Mann hierher emigriert. Beide hatten als Ärzte im Spanischen Bürgerkrieg die Sache der Republikaner unterstützt. Später wird Ursula ebenfalls in der DDR leben und in den Fünfzigerjahren den aus Österreich stammenden Arzt und ehemaligen Spanienkämpfer Dr. Ernst Amann heiraten. Ursula Amann wird sich dann besonders um die junge Ruth Radvanyi kümmern, die als Kinderärztin arbeitet.

Ganz besonders glücklich sind die Radvanyis, als im Juni 1942 mit dem letzten Schiff aus Europa, der „Guinée", endlich auch die Freunde Jeanne und Kurt Stern mit ihrer Tochter Nadine eintreffen. Jeanne hatte Anna Seghers mehr als einmal unterstützen können auf der Flucht aus Paris nach Süden, als die Deutschen bereits im Norden Frankreichs und in der Hauptstadt standen. Sie waren damals in Lebensgefahr und mussten untertauchen, um von der Gestapo nicht aufgespürt zu werden. Als gebürtige Französin war es Jeanne gelungen zu helfen, wo es den Flüchtenden allein nicht mehr möglich war. So konnte sie etwa den Heinrich-Heine-Brief, den der Vater Isidor Reiling seiner Tochter Anna als Notgroschen mit in die Emigration nach Paris gegeben hatte, unbeschadet über die Demarkationslinie zwischen dem besetzten und dem noch unbesetzten Teil Frankreichs schmuggeln.

Jener Originalbrief, wertvoll in materieller wie vor allem ideeller Hinsicht, sollte mit ihnen um die halbe Welt reisen. Und am Ende hing er jahrzehntelang im Arbeitszimmer der Schriftstellerin in Berlin-Adlershof. Dieses Blatt Papier aus dem Jahr 1848, Heines Brief aus Paris an seine Mutter in Deutschland, wurde so zum Symbol der Lebensgefahr und der endgültigen Rettung durch die selbstlose Hilfe enger Freunde.

An Bord dieses letzten Schiffes, das im Juni 1942 abfahren konnte, gelangt auch Magda Stern nach Mexiko, eine Kommunistin, die schon in der Novemberrevolution in Berlin aktiv war und sich nun im Exil wieder nützlich macht. Sie hilft, wo sie kann, und wird bald Sekretärin des Verlages El Libro Libre. Und auch Paul Merker kommt mit der „Guinée" an, ein führender Funktionär der KPD, Mitglied des Politbüros und einstiger KPD-Abgeordneter im Preußischen Landtag, dessen Rettung aus dem besetzten Frankreich für die Partei besonders wichtig war. Merker war seit 1927 Mitglied des Zentralkomitees der KPD und wird auch in Mexiko die Arbeit der Parteigruppe organisieren. Sie alle fühlen sich durch ihr Schicksal als politische Flüchtlinge miteinander verbunden.

Im Jahr 1943 finden die Radvanyis schließlich ein Haus, das bequemer für die ganze Familie ist, in der Avenida Industria 215. Hier werden sie bis zur Abreise aus Mexiko leben. Oben auf der Dachterrasse des Hauses, der azotea, richtet sich Anna Seghers ihren Schreibplatz ein: Eine kleine Laube, eher ein Verschlag aus Holzleisten, abgedeckt von einer Plane, wird für sie dieser Ort. Tisch und Stuhl, die Schreibmaschine und ein paar Pflanzenkübel ringsum, die für Frische sorgen, das ist alles, was sie braucht. Wie schon im Garten des Hauses in Bellevue-

Anna Seghers in ihrer Schreibwerkstatt auf dem Dach des Hauses Avenida Industria 215

Meudon am Rande von Paris legt sie viel Wert darauf, einen ungestörten Platz für sich ganz allein zu haben, an dem sie sich beim Schreiben konzentrieren kann. In Mexiko ist es von Dezember bis Februar oft sehr heiß, dann bringt der traditionelle Palmblattfächer ein wenig Erleichterung. Erst in den Abendstunden kommt die Abkühlung. Umso wichtiger ist es, einen geschützten und dabei luftigen Ort zu finden. Das Entscheidende ist: Der Wind weht durch die Gitter der Holzleisten hindurch, so ist die Luft nicht zu drückend. Die Dachwerkstatt ist wie ein Leuchtturm hoch oben. Hier kann sie ihre Gedanken fliegen lassen, hat eine freie Sicht hinaus und ist doch gleichzeitig abgeschirmt vor lästigen Blicken. Es ist genau das, was Virginia Woolf einmal „ein Zimmer für sich allein" genannt hat, das Refugium der Literatur. Ein Rückzugsort, mitten in der Konfusion der Welt. Plötzlich ist alles da, was sie zum Leben und zum Schreiben braucht.

Ein Foto zeigt Anna Seghers in dieser „Schreiblaube", zusammen mit Guadelupe, der Haushaltshilfe: ein junges Mädchen, freundlich und anstellig, kaum älter als ihre eigene Tochter. Guadelupe stammt aus einem Dorf, hat vielleicht Maya-Vorfahren, kennt die Mythen und Sagen ihres Volkes. Von ihr lässt sich Anna Seghers viel aus dem Leben der einfachen Mexikaner erzählen – manches, was sich später in ihren Geschichten aus Mexiko wiederfindet. In der Erzählung *Crisanta* gibt sie dem Mädchen Züge ihrer Hausgenossin Guadelupe.

Hier, in diesem Ambiente, wird Anna Seghers in den folgenden Jahren arbeiten, sich vielleicht sogar nach Deutschland träumen, das Leben wieder fester anpacken und den Glauben bewahren, dass es eine Zukunft für sie und die Ihren geben wird – nach der Hitlerzeit.

Und Laszlo Radvanyi, ihr Rodi, über dessen Rettung aus dem Internierungslager Les Milles sie so unendlich froh ist – wie kommt er als Wissenschaftler mit der ver-

Mit dem Hausmädchen Guadelupe auf dem Dach des Wohnhauses in der Avenida Industria 215

änderten Situation, dem neuen Land zurecht? Zunächst arbeitet er nachts in einer Druckerei, selbst wenn das kaum Geld einbringt. Er will setzen lernen, sich einen praktischen Broterwerb aneignen, um soweit wie möglich unabhängig zu sein. Dabei kann er zugleich den mexikanischen Setzern behilflich sein, deutsche und englische Texte fehlerfrei zu setzen, denn die beherrschen meist die Fremdsprachen nicht. Seine außergewöhnliche Sprachbegabung hat ihm schon mehrfach geholfen, mit schwierigen Lebenssituationen fertigzuwerden, nicht zuletzt in den Internierungslagern in Frankreich. Dort hatte er Vorträge in mehreren Sprachen gehalten, um seinen Mitgefangenen Mut zuzusprechen. Aber natürlich kann ihn die

Anna Seghers und Laszlo Radvanyi zu Gast bei Vicente Lombardo Toledano und dessen Frau Rosa María

Arbeit in der Druckerei nicht ausfüllen. Er braucht eine wissenschaftliche Betätigungsmöglichkeit.

Auf dem Empfang für Anna Seghers und ihre Familie in Mexiko lernen sie Vicente Lombardo Toledano kennen, bekannter Gewerkschaftsführer und zugleich Vorsitzender der Konföderation der Arbeiter Lateinamerikas. Er hat 1936 die Universidad Obrera ins Leben gerufen, eine Arbeiteruniversität – etwa vergleichbar mit der MASCH, der Marxistischen Arbeiterschule in Berlin, an der Laszlo Radvanyi seit den späten Zwanzigerjahren gearbeitet hatte. Lombardo Toledano, Doktor der Philosophie und der Rechte, war ein enger Vertrauter von Präsident Cárdenas. Seit den Zwanzigerjahren unterstützte er dessen volksnahe Politik. Diese Vita verbindet ihn mit Laszlo Radvanyi. Und er hat erfahren, dass Radvanyi ein Lehrer ist, der seine Studenten mitzureißen versteht. So lädt er ihn ein, an der Universidad Obrera Lehrveranstaltungen in marxistischer Geschichte und Ökonomie zu halten. Jetzt zahlt es sich aus, dass Radvanyi das Spanische bereits gut beherrscht. Ab Januar 1942 unterrichtet er nun auf der Arbeiteruniversität und ist sofort wieder ganz in seinem Element. Auch Rodi schließt schnell neue Bekanntschaften, etwa mit seinem Kollegen, dem Wirtschaftswissenschaftler Jésus Silva Herzog. So fühlt auch er sich nicht mehr fremd.

Anna Seghers interessiert sich neben den vielfältigen menschlichen Begegnungen sehr für die Kultur ihres Gastlandes. Ihre Liebe gilt besonders der Architektur und der Malerei. Eines Tages macht ihr Herz einen freudigen Sprung, als sie Gelegenheit hat, den Palacio Nacional, den Nationalpalast zu besichtigen: ein eindrucksvoller, schön gegliederter Bau im Renaissancestil. Von Architektur versteht sie etwas, nicht ohne Grund hat sie Kunstgeschichte studiert. Hier aber kommt zur besonderen Bauweise noch dazu, dass der Nationalpalast über und über mit Fresken von Diego Rivera ausgemalt ist. 1929 hatte der Maler den Auftrag dazu bekommen, der ihn über mehrere Jahre beschäftigen sollte. Das Werk trägt den Titel *Epos des mexikanischen Volkes*. Diese farbenprächtigen Murales zeigen auf einer Fläche von 110 Quadratmetern Szenen aus der Geschichte Mexikos und aus dem mexikanischen Unabhängigkeitskampf. Die Revolution unter dem Bauernführer Emiliano Zapata wird immer wieder ins Bild gesetzt. *Wie könnte ein mexikanischer Maler*, wird Anna Seghers einmal schreiben, *irgendein Thema finden, das von der Geschichte seines Volkes unberührt wäre?* Rivera sieht in diesen Fresken ein „visuelles Buch", das jedem, der sie betrachtet, verständlich sein muss. Damit hat er die Malerei zu einer öffentlichen Angelegenheit mit einer ungeheuren Breitenwirkung gemacht. Und das Besondere daran: Auf den Wandbildern hat Diego Rivera immer wieder seine Liebste porträtiert. Frida Kahlo taucht inmitten der Volksmassen auf, selbst dort, wo man sie gar nicht erwarten würde. In ihrer Wohnung in Berlin-Adlershof hat Anna Seghers später sieben gerahmte Reproduktionen hängen, an denen sie täglich vorbeigeht, Ausschnitte aus Riveras Wandbildern: die Conquistadoren, Hernán Cortés, die spanischen Soldaten, die Pferde, die den Indigenen solche Ehrfurcht eingeflößt haben. Wenn auch die Farben längst nicht so strahlend sind wie auf den originalen Fresken der Muralistas, so halten sie in ihr doch eine Erinnerung an Mexiko und die Jahre wach, die für immer mit der Rettung ihrer Familie verbunden sind.

Bestseller: Ein *Roman aus Hitlerdeutschland*

Während in den USA vom Verlag Little, Brown and Company die Übersetzung von Anna Seghers' Roman *Das siebte Kreuz* ins Englische in Auftrag gegeben wird, nimmt der neue Roman *Transit* mehr und mehr Gestalt an. Wichtig wäre jetzt, mit dem *Siebten Kreuz* endlich wieder Geld zu verdienen, denn es ist nicht leicht, das Leben der Familie zu finanzieren, und noch immer haben sie Schulden. Ihr Literaturagent Maxim Lieber hat sich tatkräftig für sie eingesetzt, und der Verlag in Boston ist überzeugt, dass der Roman, der den Widerstand gegen die Nazis zum Thema hat, ein Erfolg werden wird.

Der Übersetzer James A. Galston hätte den Schluss des Romans zwar gern etwas dramatischer: „Wenn es nach mir ginge“, schreibt er an Maxim Lieber, „hätte ich die ganze Kreß-Szene umgeschrieben und einige umwerfende Höhepunkte eingefügt.“ So schlägt er dem Verlag vor, die Hauptfigur Georg Heisler am Ende nicht einfach still im Morgengrauen auf dem holländischen Schiff den Rhein abwärts entkommen zu lassen, sondern die Spannung nochmals zu steigern. Am liebsten möchte er eine Episode dazuschreiben, in der die Gestapo Georg verfolgt. Doch der Verlag widerspricht dem Versuch, Eingriffe ins Manuskript vorzunehmen, und so erscheint der Roman *The Seventh Cross* Mitte 1942 in Boston. Glücksfall: Er wird vom Book-of-the-Month-Club zum Buch des Monats Oktober gekürt. Dieser Buchclub erreicht mit seinen 500 000 Mitgliedern ein enorm großes Publikum. Das erfährt Anna Seghers zuerst in einem Brief des treuen F. C. Weiskopf, der den Roman publik macht, wo er nur kann. Er teilt ihr am 24. Juni 1942 die „prächtige Neuigkeit“ mit und damit die Aussicht, dass ihre finanziellen Sorgen nun für lange Zeit behoben sein werden: „Freue Dich, mein Volk, Manna ist herniedergeströmt. [...] Und sicherlich mehr als 100 000 Leser. Herz, was begehrst du mehr?“ Wie Anna Seghers kennt auch Weiskopf das Alte Testament sehr gut, und die augenzwinkernde Anspielung auf die biblische Legende vom rettenden Manna, das vom Himmel fiel, um die Kinder Israels zu ernähren, als Moses sein Volk durch die Wüste führte, bedarf unter ihnen keiner weiteren Erklärung.

Doch das Honorar lässt auf sich warten. Der Verlag teilt lapidar mit, dass der Großteil des Geldes zunächst benötigt werde, um den Übersetzer zu bezahlen. Die Autorin ist ungeduldig und wartet verzweifelt auf eine Überweisung. Sie klagt, bisher habe sie nicht mehr als 80 Dollar Vorschuss erhalten. Dann gehen kleine monatliche Überweisungen ein, aber, so schreibt sie dem Verlag in Boston, *ich möchte Sie gleichzeitig dringend ersuchen, alles zu unternehmen, diese monatliche Zahlung auf das Maximum zu bringen. Der minimale Betrag reicht nicht aus, um davon leben zu können und die vielen Schulden zurückzuzahlen, die ich machen musste, als ich überhaupt kein Geld bekam.* Erst im Laufe des nächsten Jahres kommen regelmäßige Überweisungen von monatlich 500 Dollar bei ihr an.

Anna Seghers kann das Geld dringend brauchen, denn die Kinder wachsen heran, für ihre Entwicklung sollen ihr genügend Mittel zur Verfügung stehen. Und billig ist Mexiko-Stadt nicht. In der ersten Zeit hier sind ihre Finanzen immer knapp; die Familie bleibt zunächst auf die Unterstützung durch verschiedene Hilfskomitees angewiesen. Oft müssen sie Schulden machen, um über die

Runden zu kommen. Das ist ihr fatal, denn eigentlich hofft sie beständig, mit ihrer literarischen Arbeit genügend verdienen und die Familie versorgen zu können. Deshalb sind die Zahlungen vom Verlag ab 1943 eine riesige Erleichterung. In den FBI-Akten ist schließlich genau vermerkt: Ein Betrag von insgesamt fünftausend Dollar wird telegrafisch an Netty Radvanyi in Mexiko überwiesen.

Die Vermarktung eines so erfolgreichen Buches ist in den USA immer ein einträgliches Geschäft. Kaum ist ein halbes Jahr vergangen, sind bereits mehr als 420 000 Exemplare des Romans verkauft. Der Schutzumschlag der ersten Auflage ist in Königsblau gehalten; die zweite Auflage hat einen signalroten Umschlag. Unmittelbar nach dem Erscheinen beginnt der Wettlauf um die Filmrechte. Auch Interesse an einer Theaterfassung wird schnell angemeldet. Maxim Lieber verkauft die Rechte an einer Hollywood-Verfilmung an die Metro-Goldwyn-Mayer. Im Jahr 1943 arbeitet der aus Österreich emigrierte Regisseur Fred Zinnemann mit Spencer Tracy in der Hauptrolle des Georg Heisler an dem Film. Für die Filmrechte erhält Anna Seghers ihr höchstes Honorar überhaupt: 75 000 Dollar, überwiesen in vier Raten.

Noch viel mehr Leser als durch das Buch werden mit dem Comic-Strip *The Seventh Cross* in zwölf Tageszeitungen der USA erreicht: Der ebenfalls aus Berlin emigrierte jüdische Zeichner Leon Schleifer, geboren 1900 in Lemberg, gibt sich im New Yorker Exil das Pseudonym William Sharp – was wohl auf seine scharfe, spitze Feder anspielt. Zu Hause hatte er sich sein Geld unter anderem als Gerichtszeichner verdient, und seine Karikaturen für die *Berliner Volkszeitung* und das *8-Uhr-Abendblatt* waren durchaus erfolgreich. Seine genauen, sozial entlarvenden Zeichnungen, nicht selten im Stil von George Grosz, fangen die politisch zerrissene Atmosphäre der Weimarer Republik ein. Jetzt kann er an seine Erfolge als Pressezeichner anknüpfen, denn diese Art der „pictorial version" bekannter Romane kommt in den USA gerade sehr in Mode.

Die Tuschezeichnungen von William Sharp zum Roman von Anna Seghers sind expressiv, dramatisch zugespitzt und entsprechen damit dem amerikanischen Zeitgeschmack sehr genau. Unter den Bilderstreifen, in zahlreichen Fortsetzungen gedruckt, steht als Text jeweils eine Zusammenfassung der Romanszene in der Übersetzung von James A. Galston, zwar stark gekürzt, aber dennoch auf das Wesentliche konzentriert, sodass die Leser die Geschichte von Georg Heislers Flucht von Folge zu Folge genau miterleben können. Als Auftakt der Veröffentlichung wird in einem vierseitigen Werbeprospekt für die „complete pictorial version" in den Zeitungen geworben. Man geht von annähernd zwanzig Millionen Lesern aus, die auf diese Weise mit dem Comic von *The Seventh Cross* erreicht worden sind.

In diesen Jahren entstehen – neben den Abenteuern von Superman – auch weitere Comics zu ernsthaften Romanen, darunter zu Werken deutscher Exilautoren, etwa zu Franz Werfels Roman *Das Lied der Bernadette/The Song of Bernadette* (1943), aber auch Thomas Manns *Joseph, der Ernährer* (1944) oder Stefan Zweigs *Balzac* (1946). Schon damals also setzt der Trend ein, dass sich viele Menschen für die Comic-Strip-Version begeistern, weil sie wenig Lust oder Zeit hatten, dicke Bücher zu lesen. Denn man will mitreden können über Erfolge auf dem Buchmarkt. Die Zeitungen des Hearst-Konzerns verdienen damit viel Geld.

Der Roman *The Seventh Cross* erscheint in den USA genau zur rechten Zeit: Am 8. Dezember 1941 war mit der Kriegserklärung an Japan nach dem Angriff auf Pearl Harbor der Kriegseintritt der USA erfolgt. Nur drei Tage später erklärten Deutschland und Italien den USA ebenfalls den Krieg. Jetzt stößt alles, was mit dem Kampf gegen die Achsenmächte in Zusammenhang steht, in der amerikanischen Öffentlichkeit auf ein gesteigertes Interesse. Plötzlich will man auch in der Bevölkerung genauer wissen, was da in Hitlerdeutschland vor sich gegangen ist und warum so viele Menschen über die Grenzen fliehen mussten. Am 1. Januar 1942 treten die USA mit der Unterzeichnung der Deklaration der Vereinten Nationen offiziell in die Anti-Hitler-Koalition mit Großbritannien und der Sowjetunion ein. Und so wird mit der Buchausgabe in den USA der Grundstein für den bald darauf einsetzenden Welterfolg des Romans *Das siebte Kreuz* gelegt. Die Geschichte von Georg Heisler, der von den Nazis zu Unrecht eingesperrt und verfolgt wird, löst eine Welle des solidarischen Interesses aus. Und dass am Ende von den sieben Häftlingen, die aus dem KZ Westhofen ausbrechen können, wenigstens einer davonkommt, entspricht einem tief verwurzelten Gerechtigkeitsempfinden. Von sieben Kreuzen, die der KZ-Kommandant aus Bäumen aufrichten lässt, bleibt eines, das siebte, schließlich frei. Es ist das große Symbol des Widerstehens: Das siebte Kreuz bleibt leer. Darin liegt die unzerstörbare Menschheitshoffnung, dass der Eine, der Gerechte – im übertragenen Sinne – eben nicht ans Kreuz geschlagen werden möge.

Diese Symbolik wird weltweit in allen Ländern verstanden, wo immer in den folgenden Jahren Übersetzungen des Romans erscheinen werden.

Das vielleicht kurioseste Zeichen seiner Breitenwirkung setzt die Leitung der US-Army: Noch 1942 lässt sie für die GIs den Roman in einer Sonderausgabe in großer Auflage herstellen, als Dünndruck-Taschenbuchausgabe. Die werden die amerikanischen Soldaten in ihren Tornistern mitnehmen, wenn sie bald darauf in den Kampf gegen Hitlerdeutschland ziehen. So sollen sich die jungen Männer ein Bild davon machen können, was in Deutschland geschehen ist und warum Millionen Menschen diesem „Führer" nachlaufen, der von Charlie Chaplin in seinem großartigen Film *The Great Dictator* erst kürzlich, im Oktober 1940, der Lächerlichkeit preisgegeben worden ist. Aus diesem Roman erfahren sie mehr über die inneren Zustände in dem Land, gegen das sie Krieg führen, als in jeder Presseargumentation.

Die Theaterfassung von *The Seventh Cross* wird bei der Autorin Viola Brothers Shore in Auftrag gegeben. Im späten Herbst 1942 reist sie nach Mexiko-Stadt, um mit Anna Seghers selbst am Manuskript eines Theaterstücks zu arbeiten, das den Erwartungen des amerikanischen Publikums an eine hoch dramatische Handlung entgegenkommt. Die beiden Frauen arbeiten tatsächlich gemeinsam und beziehen moderne formale Mittel in ihre Fassung ein. Allerdings wird es offenbar nie zu einer Aufführung des Stücks kommen.

Kurz zuvor, im Oktober 1942, erkrankt Anna Seghers an Typhus. Sie hat hohes Fieber und ist sehr geschwächt, kann aber zu Hause gepflegt werden. Die enormen Kräfte, die sie auf der Flucht von Land zu Land hatte aufbringen müssen, haben sie erschöpft, bis an die physische Grenze. Die Kinder Ruth und Peter werden während dieser Zeit vorübergehend von Freunden aufgenommen, um die Mutter zu entlasten. Sie muss sich außerdem einer Augenoperation unterziehen. Als es ihr besser geht, fährt sie in die kleine Stadt Cuernavaca, um sich zu erholen und endlich wieder zu Kräften zu kommen. Cuernavaca, die Hauptstadt der Provinz Morelos, südlich von Mexiko-Stadt, liegt etwa 1 500 Meter hoch, was für ein sehr angenehmes, verträgliches Klima sorgt. Auch Alexander von Humboldt, der 1803 auf seiner großen Lateinamerikaexpedition hierherkam, schätzte das milde Klima und nannte Cuernavaca die „Stadt des ewigen Frühlings".

Immer wieder wirkt diese grandiose Landschaft des mexikanischen Hochlands überwältigend auf sie. Die subtropische Vegetation voller blühender Bougainvilleen ist ein Fest für die Sinne. Nachts hört man das Gezirpe der Zikaden, das eine beruhigende Wirkung hat. Diese Rekonvaleszenz sollte nicht die einzige bleiben. Anna Seghers wird wiederkommen. Immerhin hat hier auch der Schriftstellerfreund Bodo Uhse mit seiner Frau Alma ein kleines Haus mit Schwimmbecken gemietet, wo man die Wochenenden verbringen kann.

Die Stadt Cuernavaca gefällt Anna Seghers sehr, sie hat eine schöne alte Kathedrale und einen Gouverneurspalast, den Palacio de Cortés. Seinen wehrhaften Sitz hatte Hernán Cortés 1535 an der Stelle eines präkolumbianischen Tempels errichten lassen – sichtbares Zeichen des Sieges der spanischen Eroberer, wie so oft in Lateinamerika: Der Sieger schleift die Mauern und setzt seine europäischen Bauwerke darauf. Damit sollte die Kolonisierung vollendet werden. Jetzt ist der Palast jedoch

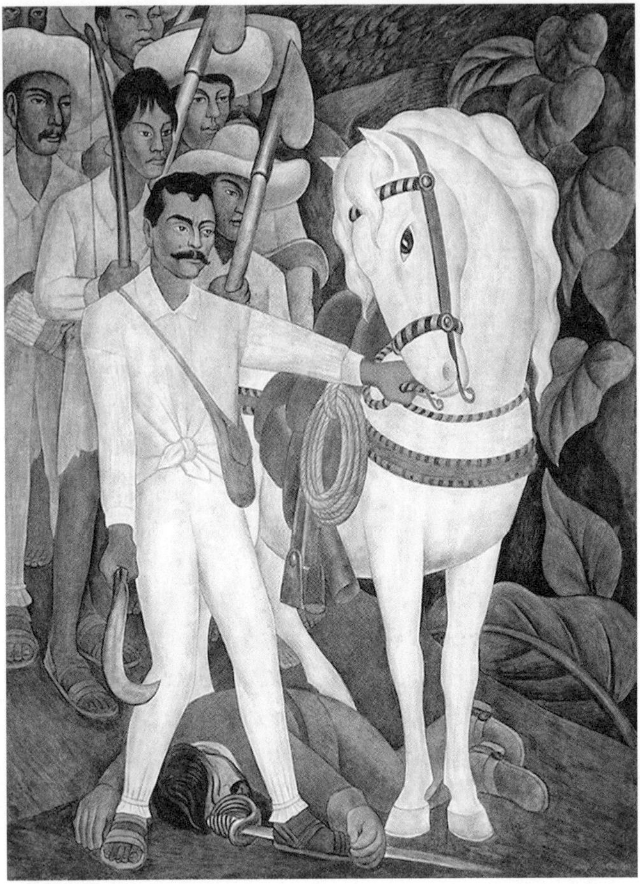

Bauernführer Emiliano Zapata, Fresko von Diego Rivera, 1931

ganz mexikanisch und lockt vor allem mit einer großartigen Kunstdarbietung: Diego Rivera hat die Wände des Palastes mit Fresken in leuchtenden Farben ausgemalt. Sie zeigen Szenen aus der Zeit der Conquista, der spanischen Eroberung, und aus dem Unabhängigkeitskampf der Mexikaner unter Emiliano Zapata. Für Anna

Seghers bleibt die frühe Begegnung mit der mexikanischen Wandmalerei im öffentlichen Raum ein lange nachwirkendes Grunderlebnis. *Diese Eindrücke*, wird sie später einmal sagen, *haben mich nie mehr losgelassen*. Zu diesen Eindrücken in Cuernavaca gehört für sie, wie ein Bauer, der sein Maultier an einen Baum band und aufmerksam die Fresken betrachtete, in den Wandbildern sein Leben und die Geschichte seines Landes wiederfand.

Deutschland führt seinen U-Boot-Krieg jetzt über den Atlantik bis an die Küsten Amerikas. Am 20. Mai 1942 versenkt die deutsche Kriegsmarine zwei mexikanische Öltanker auf dem Weg nach Florida, deren Fracht für die USA bestimmt ist. Daraufhin erklärt das bisher neutrale Mexiko Deutschland den Krieg. Bis dahin hat es rege Handelsbeziehungen zwischen beiden Ländern gegeben, Deutschland ist vor allem an mexikanischem Erdöl interessiert gewesen. In Mexiko hatte sich eine rege deutsche Gemeinschaft entwickelt, die auf Einladung der mexikanischen Regierung schon im frühen 20. Jahrhundert eingewandert war, um hier zu investieren und das Land nach der Revolution wirtschaftlich voranzubringen. 1939 leben etwa 9 000 Deutsche in Mexiko-Stadt, Kaufleute, Plantagenbesitzer, Industrielle, darunter eine beträchtliche Zahl Hitleranhänger. Die neu hinzukommenden Emigranten aus Nazideutschland werden von ihnen natürlich als störender Fremdkörper empfunden. Bis 1942 sind viele Kaffeeplantagen im Bergland von Chiapas in deutscher Hand. Das ändert sich nun. Die große Deutschfreundlichkeit nimmt seit dem Kriegseintritt Mexikos deutlich ab.

In ihrer Erzählung *Das wirkliche Blau. Eine Geschichte aus Mexiko* wird Anna Seghers mehr als zwei Jahrzehnte später auf diese Zusammenhänge zurückkommen. Dort geht es um die Handelsbeziehungen zwischen Deutschland und Mexiko, die durch die Kriegsereignisse unterbrochen sind. Der Töpfer Benito bietet seine Ware auf dem Markt in Mexiko-Stadt an. Seine Krüge, Schüsseln, Teller und Schalen sind bei den Kunden sehr beliebt, denn sie sind mit Mustern in einem ganz bestimmten, leuchtenden Blau dekoriert. Alle möchten unbedingt dieses blaue Geschirr und kein anderes. Eines Tages bleibt jener Farbstoff aus. Sein langjähriger Händler Don Victor kann Benito dieses Blau nicht mehr beschaffen. Die Firma Fernandéz, die bisher die Handelsbeziehungen mit einem Chemieunternehmen in Deutschland aufrechterhielt, ist jetzt mitten im Weltkrieg machtlos: Es kommen keine Schiffe mehr mit den begehrten Produkten. Benito bestürmt den Händler. *„Verstehen Sie denn nicht", erwiderte Don Victor, „daß ich Ihr Blau nicht vom Himmel kratzen kann. Die Firma Fernandéz läßt auch mich warten und warten."* Und so kommt es, dass der Töpfer Benito sich auf den beschwerlichen Weg durch die Berge von Mexiko macht, um sein eigenes Blau zu finden, dieses *tiefe unnachahmliche Blau*, das Anna Seghers selber auf den Märkten im Lande so begeistert hat. Die beharrliche Suche Benitos nach dem wirklichen Blau bedeutet, wird sie später einmal sagen, die Suche *nach dem Grundstoff seiner Kunst und seines Wesens*. Es steht, wenn die Schriftstellerin Ende der Sechzigerjahre diese Erzählung schreibt, auch für ihr eigenes literarisches Schaffen. Plötzlich, Jahre nach ihrem Aufenthalt dort, wird der mexikanische Stoff zu ihrem Ureigenen. Aus dem Gefühl heraus, in der Fremde zu sein, macht sie große Kunst.

„... das Bewußtsein, daß wir zusammengehören“: Der Heinrich-Heine-Klub, Freies Deutschland und der Verlag El Libro Libre

Emigration bedeutet den Verlust eines geistigen Raumes, der Sprache, der Freundeskreise, aller Wirkungsmöglichkeiten. Für die Intellektuellen und Künstler unter den Exilanten, die sich so weit von ihrer Heimat entfernt ein neues Betätigungsfeld aufbauen müssen, ist es lebensnotwendig, einen Ort zu haben, wo sie sich miteinander austauschen, wo sie die Zeitereignisse diskutieren und sich mit Gleichgesinnten verständigen können. Denn nichts ist schlimmer im Exil als die Angst vor Isolation. Im November 1941 erwächst daraus die Idee, eine Art deutschen Kulturbund in Mexiko zu gründen, den Heinrich-Heine-Klub. Hier werden deutsche und österreichische Emigranten zusammenarbeiten, aus verschiedenen Berufen, mit unterschiedlichen Schicksalen und politischen Ansichten. Was sie jedoch alle verbindet, ist ihr strikter Antifaschismus.

Am 7. November treffen sich in den Räumen der Edición Seneca, des Verlages der spanischen Emigranten, zunächst Rudolf Feistmann, Egon Erwin Kisch, Anna Seghers und Bodo Uhse. Sie entscheiden sich, ihre Vereinigung nach dem Dichter Heinrich Heine zu benennen, der selber so viele Jahre im politischen Exil in Paris gelebt hat. Anna Seghers wählen sie zur Präsidentin. Heines Name soll ihnen ein gutes Omen werden dafür, dass sie, die aus Deutschland Vertriebenen, dennoch für die deutsche Kultur, die Literatur etwas Bedeutendes leisten können. Heine ist für Anna Seghers seit ihrer Jugend ein besonders geliebter Dichter, wie sie am Rhein aufgewachsen, ein Symbol der verlorenen Heimat.

Tatsächlich wird der Heinrich-Heine-Klub bald zum kulturellen Zentrum der deutschsprachigen Emigration. Im Laufe der folgenden Jahre werden sie mit ihren Veranstaltungen viele hundert Besucher erreichen. Sie organisieren literarische Lesungen, spielen Theater, machen Musik. Nicht zuletzt wollen sie mit diesen kulturellen Aktivitäten auch die Kinder und Jugendlichen ansprechen, damit sie den Kontakt zu ihrer Sprache und Kultur nicht verlieren. Viele der Emigranten haben Kinder wie Anna Seghers, Steffie Spira oder Jeanne Stern. Deren kleine Tochter Nadine wurde erst 1935 im Exil ihrer Eltern in Paris geboren und hätte sonst gar keine Vorstellung von der deutschen Kultur, wenn die Eltern nicht dafür sorgen würden.

Viele der exilierten Schriftsteller, die ihr Publikum in Deutschland verloren haben, finden hier die Möglichkeit, ihre neuen Texte erstmals öffentlich vorzustellen und eine Resonanz zu bekommen. Anna Seghers liest mehrfach Ausschnitte aus ihrem Manuskript des Romans *Das siebte Kreuz*. An einem der ersten literarischen Abende aber stellt sie bereits im November 1941 ihre Geschichte *Die schönsten Sagen vom Räuber Woynok* vor, die in Paris entstanden ist. Darin setzt sie sich, in einer zweiten Ebene unter der vordergründigen Räubergeschichte, mit einem existenziellen Problem des Exils auseinander: das Leben in der Illegalität und das Verhältnis von Einzelnem und Kollektiv, des einsam sich Verbergenden und der Kraft der (Kommunistischen) Partei. Es geht um Treue und Verrat. Muss sich der Einzelne in jedem Fall dem kollektiven Willen der Partei unterordnen? Anna Seghers verblüfft ihre Zuhörer mit dieser Geschichte im Gewand von Märchen und Sage, die doch einen sehr gegenwärtigen Konflikt der Illegalität in sich birgt. Dieser junge Woynok ist nicht von vornherein zu verurteilen. Er ist kein Im-Stich-Lasser, wie es heißt, auch wenn er scheinbar der Gruppe in den Rücken fällt. Die Gründe dafür sind in seiner tragischen persönlichen Erfahrung zu suchen. Die Schriftstellerin, erfahren in den Abgründen des Exils, weiß um die Unwägbarkeiten mancher Entscheidung, die der einzelne Verfolgte zu treffen hat, mitunter innerhalb von Sekunden. Es gibt, wie so oft bei Anna Seghers, kein einfaches Schwarz und Weiß, Gut und Böse. Das Spannungsverhältnis von Führer und Gruppe schwingt latent immer in der Geschichte mit und gibt ihr diese Tiefe, die um die Geheimnisse der menschlichen Seele weiß.

Zahlreiche Mitglieder beteiligen sich an den Programmen des Heinrich-Heine-Klubs. Egon Erwin Kisch liest aus *Marktplatz der Sensationen* und hält einen Vortrag zum Thema „Alexander von Humboldt, Mexiko und die Rassenfrage“. Humboldt, der wie kein Forschungsreisender vor ihm Verständnis und Begeisterung für Lateinamerika geweckt hat, leuchtet wie ein Stern über ihnen. Unter der Leitung von Marcel Rubin wird auch ein Chor gegründet, der Freie Deutsche Chor, der viele Veranstaltungen auf hohem Niveau musikalisch umrahmt.

Ganz besonders liegt ihnen allen eine Veranstaltung am Herzen liegt, die am 9. Mai 1942 stattfindet: Sie erinnern gemeinsam an die Bücherverbrennung der Nationalsozialisten am 10. Mai 1933 in Berlin und vielen anderen deutschen Städten – einer der schwärzesten Tage der frühen Hitlerherrschaft und der Beginn der kulturellen

Barbarei. „Dort, wo man Bücher verbrennt, verbrennt man am Ende auch Menschen“, hatte Heine schon 1823 in der Tragödie *Almansor* geschrieben. Die „Kundgebung für die freie deutsche Literatur“, auf der neben Pablo Neruda, Ludwig Renn und Bruno Frei auch Anna Seghers spricht, findet im Palacio de Bellas Artes statt, dem Palast der Schönen Künste. Der war genau an dem Ort errichtet worden, wo sich zu Zeiten der spanischen Inquisition die Verbrennungsstätte für Ketzer befunden hatte, das Quemadero. Das mexikanische PEN-Zentrum als Mitveranstalter hatte gerade diesen Veranstaltungsort gewählt. So kann man den Tag zu Recht als ein Symbol der Solidarität unter allen Nazigegnern verstehen. In ihrem Abschied vom Heinrich-Klub-Klub wird Anna Seghers 1946 resümieren: *Der Heine-Klub bedeutet mehr als eine Erinnerung, er bedeutet das Bewußtsein, daß wir zusammengehören.*

Natürlich steht die deutsche Kultur im Vordergrund. Doch der Heinrich-Heine-Klub möchte mit der Zeit auch ein einheimisches oder sogar internationales Publikum gewinnen. Und so steht bald ein Mexikanischer Volksliederabend auf dem Programm. Die Deutschen sind überall auf der Welt für ihre Liebe zur Musik bekannt. Unter den Emigranten sind gute Musiker. Nicht zuletzt das wird eine Brücke zu den Mexikanern schaffen.

Von besonderer Attraktivität sind die Theaterabende: nicht einfach zu bewerkstelligen, denn die Bühne des Schiefersaals, in dem die Aufführungen stattfinden, ist eigentlich viel zu klein dafür. Dennoch improvisieren sie immer wieder, um wirklich gute Theatererlebnisse zu schaffen. Im Dezember 1942 etwa wird Egon Erwin Kischs sozialkritische Burleske *Die Himmelfahrt der Gal-*

gentoni aufgeführt. Später stellt die Gewerkschaft der Elektrizitäts-Arbeiter ihr Auditorium für einige größere Inszenierungen zur Verfügung. Dort haben sie deutlich mehr Raum zur Verfügung.

Voller Enthusiasmus ist das Schauspielerehepaar Steffie Spira und Günter Ruschin mit von der Partie. Steffie Spira wird sich künftig auch als Regisseurin für den Heinrich-Heine-Klub einbringen. In einer Besprechung im März-Heft 1943 rühmt Anna Seghers in der Zeitschrift *Freies Deutschland* die Inszenierung der *Galgentoni*, Kischs in ihrer Art *vollkommene, zarte, dreckige Großstadtlegende*, die Geschichte der Hure Toni. Sie betont dabei, wieviel schwerer es Schauspieler im Exil haben, ihre Kunst zu bewahren, als die Schriftsteller, die ihre Sprache und Literatur – trotz aller Widrigkeiten – jederzeit zur Hand haben. Bewundernd schreibt sie über Steffie Spiras Leistung, *Steffie-Toni zeigte sich plötzlich mit allem, was in ihr steckt [...]: durch und durch begabt zum Leben und zum Spielen, frech und bescheiden, gemein und gütig.* Und sie macht das Besondere ihrer Theaterarbeit, der eingeschränkten Möglichkeiten im Heinrich-Heine-Klub deutlich: *Wie man auch ohne großen Bühnenaufwand, nur durch Beleuchtung und Kostüme [...] eine Menge erreichen kann.*

Im Juli 1943 hat Johannes R. Bechers Stück *Hundert Kilometer vor Moskau* hier im Heinrich-Heine-Klub seine Welturaufführung. Der Text hat auf erstaunlichen Wegen Mexiko erreicht und trifft unter den Emigranten auf große Zustimmung: Hundert Kilometer vor der sowjetischen Hauptstadt, gewissermaßen dem Herzen Russlands, hat die Rote Armee die deutsche Wehrmacht zum Stehen gebracht. Das Jahr 43 bringt die Wende des Zweiten Weltkrieges und eine Verheißung für alle Antifaschisten: Die Deutschen sind nicht unbesiegbar, die Wehrmacht kann geschlagen werden. Ein starkes Hoffnungspotenzial geht von dieser Inszenierung aus.

Auch die berühmte *Dreigroschenoper* von Bertolt Brecht und Kurt Weill mit ihren mitreißenden Songs bringt der Heinrich-Heine-Klub auf die Bühne. Es ist nicht einfach für die 26 Darsteller und Sänger, zum Teil begeisterte Laien. Die musikalische Begleitung wird von den Österreichern Ernst Römer und Egon Neumann auf zwei Flügeln bewältigt. Xavier Guerrero malt mit großem Engagement die Kulissen. Auch Georg Büchners sozial anklagendes Stück *Woyzeck* wird ein großer Erfolg.

Am 9. Mai 1942 wird der Verlag El Libro Libre (Das Freie Buch) gegründet. Es ist die denkwürdige Entgegnung zur Bücherverbrennung 1933. Zum Signet des Verlages wird ein aufgeschlagenes Buch, das ein Hakenkreuz zertrümmert – ohne viele Worte ist damit das geistige Profil bezeichnet. Auf Spanisch heißt der Verlag Editorial de literatura anti-Nazi en lengua alemana. Verlagsleiter wird Walter Janka, der als Mitglied der Internationalen Brigaden im Spanischen Bürgerkrieg verwundet worden war und sich schließlich mit seiner Frau Lotte ebenfalls nach Mexiko retten konnte. Dieser Verlag der deutschsprachigen Emigranten ist eine ganz außerordentliche Leistung im Exil, denn er ermöglicht den Schriftstellern, ihre Bücher auch in der Muttersprache zu veröffentlichen – nachdem die deutschsprachige Abteilung des Querido-Verlages in Amsterdam durch die deutsche Besetzung aufgeben musste. Obgleich Walter Janka vorher keinerlei Verlagserfahrung besaß, arbeitet er sich schnell und mit viel Energie ein. Beteiligt an der Gründung des Verlages waren die Bewegung Freies Deutschland und der Heinrich-Heine-Klub, aber ebenfalls die Acción Republicana Austriaca en México, die Vertretung der österreichischen Emigranten. Magda Stern aus Berlin, die ab 1939 bereits Sekretärin des KPD-Organs *Die Rote Fahne* war, übernimmt jetzt alle anfallenden Büroarbeiten, liest zuverlässig Korrektur und ist die gute Seele des Verlages.

El Libro Libre kann in der Zeit seines Bestehens zwanzig deutschsprachige Titel mit einer Gesamtauflage von 36 000 Exemplaren herausbringen. Am erfolgreichsten wird unter der Belletristik *Das siebte Kreuz* von Anna Seghers Ende 1942, im selben Jahr wie die US-amerikanische Erstausgabe. Bereits im Juli 1942 wird Egon Erwin Kischs Sammlung seiner Reportagen *Marktplatz der Sensationen* veröffentlicht. Eine Abordnung von drei Schriftstellern, Ludwig Renn, Anna Seghers und Egon Erwin Kisch, überreicht dem Präsidenten Ávila Camacho dieses erste Buch des deutschsprachigen Exilverlages und widmet es ihm mit den Worten: „als Zeichen unserer tiefen Dankbarkeit für die Ermöglichung der Wiedergeburt der von Hitler verfolgten deutschen Literatur auf diesem Boden des freien und großherzigen Mexikos". 1945 folgen dann Kischs *Entdeckungen in Mexiko*. Selbst der kleine Roman des im New Yorker Exil lebenden F. C. Weiskopf, *Vor einem neuen Tag*, kann 1944 bei El Libro Libre erscheinen. Er hat den Widerstand der slowakischen Bauern gegen die Hitlerarmee zum Thema. Auch Heinrich Manns *Lidice* und Feuchtwangers *Unholdes Frankreich* werden bei El Libro Libre verlegt.

Eine ganz wichtige Publikation wird *Das Schwarzbuch über den Naziterror in Europa* (*El Libro Negro del terror nazi en Europa*). Für diese Veröffentlichung stellt Präsident Ávila Camacho die Staatsdruckerei zur Verfügung. Auf

Das siebte Kreuz, Umschlag der deutschsprachigen Erstausgabe mit einem Holzschnitt von Leopoldo Méndez

diese Weise können die Verbrechen der Nationalsozialisten auch in Lateinamerika bekannt gemacht werden.

So viele Buchausgaben der Roman *Das siebte Kreuz* in den folgenden Jahren und in zahlreichen Ländern auch haben wird: Die deutschsprachige Ausgabe im Verlag El

ANNA SEGHERS

DAS
SIEBTE
KREUZ

Roman aus Hitlerdeutschland

EDITORIAL "EL LIBRO LIBRE", MEXICO, D. F.
1942.

Innentitel mit dem Signet des Verlages El Libro Libre

Libro Libre zum Jahresende 1942 ist nicht nur ein besonders symbolträchtiges Zeichen des Widerstehens, sondern auch eine der eindrücklichsten und für Anna Seghers wertvollsten – ins Auge springend durch ihren berühmt gewordenen Schutzumschlag mit dem Kreuz aus einer gekappten Platane und dem uniformierten SS-Mann, dessen Kopf hinter dem Kreuzbalken verborgen ist. Zu diesem Zeitpunkt sind, was die fortwährend wachsende Internationalität dieses Erfolgstitels bezeugt, ebenfalls schon die mexikanische, die brasilianische, die britische und die schwedische Ausgabe in Vorbereitung.

Bereits im November 1941 gegründet, wird die politische und literarische Monatszeitschrift *Freies Deutschland* als Organ der deutschsprachigen kommunistischen Antifaschisten später ebenfalls im Verlag El Libro Libre herausgegeben. Daran mitzuarbeiten ist für alle emigrierten Schriftsteller eine Herzenssache. Gleich in der ersten Nummer erscheint die Erzählung *Das Obdach* von Anna Seghers, eine Geschichte über die Solidarität der französischen Bevölkerung mit einem deutschen Flüchtlingsjungen im besetzten Paris. Die Zeitschrift soll so viele Leser wie möglich erreichen. Jede Hand wird gebraucht, um Herstellung und Vertrieb zu organisieren. Bodo Uhse erinnert sich: „Anna Seghers und ihre Kinder, Peter und Ruth, falteten die Hefte, Egon Erwin Kisch und seine Frau Gisl steckten sie in Umschläge, Ludwig Renn und ich schrieben Adressen, andere Mitarbeiter halfen die Marken aufkleben und trugen die Zeitschriften zur Post."

Der erste Chefredakteur der Zeitschrift wird der österreichische Journalist Bruno Frei. Die nötigen finanziellen Mittel für die erste Ausgabe bekommt man zum Teil durch Lesungen von Anna Seghers und Egon Erwin Kisch zusammen. In der Redaktion ist die KPD-Gruppenleitung federführend, unterstützt von den Autoren Seghers, Kisch und Uhse, der für den literarischen Teil der Zeitschrift verantwortlich zeichnet. Schnell können sie die Verbreitung innerhalb und außerhalb Mexikos organisieren. Das Impressum verzeichnet Buchhandlungen in Lateinamerika, Südafrika, Shanghai, Australien, Schweden, Palästina, Großbritannien und der Sowjetunion, die die Zeitschrift führen. Das alles sind Emigrationsländer. Ab Mitte 1942 umfasst die Auflage etwa 4 000 Exemplare. Allerdings wird bereits ab der dritten Nummer im Januar 1942 Alexander Abusch Chefredakteur, der, seit der Gründung der KPD ihr Mitglied, die höhere Position in der Partei innehat und sich durchsetzt. Bruno Frei bleibt nur die Leitung der vierseitigen Informationsschrift *Alemania Libre*, die für ein mexikanisches Publikum bestimmt ist, er publiziert aber weiterhin zu kulturpolitischen Themen im *Freien Deutschland*.

Auch Kurt Stern und Ludwig Renn, der über die militärische Lage schreibt, gehören zu den ständigen Beiträgern. Die Artikel über die internationale Politik behalten sich Chefredakteur Abusch und André Simone vor. Letzterer ist der tschechisch-jüdische Journalist und Publizist Otto Katz, der im Exil unter diesem Pseudonym auftritt. Grußadressen aus den USA unter anderem von Thomas Mann, Lion Feuchtwanger, Bruno Frank oder Oskar Maria Graf werden im *Freien Deutschland* abgedruckt, wenngleich sie nicht als ständige Beiträger gewonnen werden können. Allerdings publiziert Heinrich Mann in der Zeitschrift. Er ist auch der Einzige, dem angesichts seiner prekären finanziellen Lage in Kalifornien Honorar gezahlt wird.

Hin und wieder schreiben selbst Pablo Neruda und Vicente Lombardo Toledano für die Zeitschrift *Freies Deutschland*. Neben F. C. Weiskopf, Kisch und André Simone zählt Anna Seghers zu den Beiträgern, die das Blatt immer wieder mit eigenen Texten unterstützen.

Damit können sie am besten für ihr gemeinsames Anliegen wirken, alle Nazigegner zu erreichen und an den Gedanken der Volksfront anzuschließen, wie in Frankreich in den Dreißigerjahren. Im Juni 1942 veröffentlicht die Zeitschrift das Grußwort „Präsident Manuel Ávila Camacho an die Freien Deutschen", das als wichtiges solidarisches Zeichen verstanden wird. Unter den Bedingungen des Exils ist *Freies Deutschland* tatsächlich eine Erfolgsgeschichte. Ab August 1943 findet die Redaktion dann ihren Platz im „Haus der Freien Deutschen", in dem der Bildhauer Herbert Hofmann-Isenburg, der mit Ludwig Renn befreundet ist, sein Atelier zur Verfügung stellt.

Anna Seghers gehört auch in den folgenden Jahren zu den Autoren, die am häufigsten im *Freien Deutschland* publizieren. Darunter sind neben Erzählungen zunehmend auch politische Aufsätze, wie *Volk und Schriftsteller*. Immer wieder meldet sie sich mit kulturpolitischen Themen zu Wort. Einer der wichtigsten und für die politische Selbstverständigung folgenreichsten Beiträge ist ihr Essay *Deutschland und wir* vom November 1941. Es geht jetzt, schreibt sie, um zwei große Grundfragen: die soziale und die nationale. So wie bereits in der berühmten Hymne der Französischen Revolution, der Marseillaise, diese entscheidenden Fragen zusammengedacht wurden: *Hier ist alles beisammen: „enfants de la patrie" und „liberté chérie"*, so können die nationale Frage und die soziale Befreiung der Völker nur als Einheit erreicht werden. Und genau dies ist in der deutschen Geschichte bisher nicht gelungen. Aus Deutschland, heißt es, *ist ein furchtbares Unglück herausgewachsen, für Deutschland selbst und für die anderen Völker. Der Faschismus in seiner rohsten Form, unter dem Zeichen des Hakenkreuzes.* Und die besten Deutschen sind von den Faschisten verfolgt und eingesperrt, mundtot gemacht hinter Stacheldraht. Gerade deshalb sieht sie die Verantwortung des Schriftstellers: *Was hat unsre Freiheit für einen Sinn, wenn wir nicht immer wieder die Namenlosen nennen, wir, die wir reden und schreiben können.*

Anna Seghers setzt sich bereits hier mit der These von der Kollektivschuld auseinander, die hauptsächlich in den USA vertreten wird. Deshalb polemisiert sie gegen Auffassungen, das deutsche Volk werde aus sich heraus nie heilen, aus dem deutschen Volk selbst könne kein wirklicher demokratischer Neuansatz kommen. Doch, meint sie: Gerade jene, die von den Nazis in den Lagern gequält und entrechtet werden, können einmal die neuen Lehrer der Jugend sein: *Dort hinter Stacheldraht wird die künftige Lehrerschaft Deutschlands herangebildet, unter beständiger Drohung, in Todesgefahr, Deutsche, genug erprobt, um eine deutsche Jugend „umzuerziehen".* Und wieder, wie bereits in ihrer großen Rede *Vaterlandsliebe* auf dem I. Internationalen Schriftstellerkongress zur Verteidigung der Kultur 1935 in Paris, reklamiert sie die deutsche Sprache, die Kultur ihres Volkes, die große Musik und Kunst für die fortschrittlichen Kräfte und gegen die Inbesitznahme durch die Nationalsozialisten, eine *andre Einheit von Volk und Land, von Volk und Geschichte, als der Faschismus sie darstellt, doch eine unzertrennbare Einheit, aus der man nichts herausnehmen kann, um es allein zu lieben, Musik oder Sprache oder Landschaft, weil eins durch das andre bedingt und geworden ist.*

Plötzlich hat Anna Seghers, wenn sie an die Zukunft ihres Landes denkt, eine Vision. Sie erinnert sich, wie sie oft von Berlin aus an den Rhein gefahren ist, die

Eltern zu besuchen. Schon jetzt, 1941, hat sie die Vorstellung der Arbeiter von Leuna, eines der größten Chemie-Unternehmen in Mitteldeutschland, die einst im Mitteldeutschen Aufstand von der Reaktion niedergemacht wurden und doch für die *unermüdliche präzise Arbeitskraft* von einigen zehntausend Arbeitern stehen, *heute furchtbar mißbraucht, morgen nicht mehr gegen, sondern für das Volk eingesetzt, von dem sie ein Teil sind*. Die Autorin des Aufsatzes glaubt an die Erneuerungsfähigkeit des deutschen Volkes, auch wenn der *Prozeß der Entfaschisierung* – das sieht sie klar voraus – *durch furchtbare Leiden* gehen werde*, durch die Dezimierung der deutschen Jugend, durch die Verzweiflung von Millionen Müttern, durch die grausamsten Erfahrungen*, die der Verlauf des Weltkrieges noch bringen werde. Anna Seghers möchte die Überzeugung auf ihre Leser übertragen, dass ihr Heimatland, jetzt von den Faschisten mit solcher grausamen Gewalt beherrscht, nicht für immer verloren ist. Denn nur die wirkliche Vernichtung des Faschismus werde die Einheit des sozialen und nationalen Bewusstseins in der Zukunft ermöglichen.

Für Anna Seghers wie für ihre Genossen von der Gruppe der Mitglieder der KPD ist die Mitarbeit in der Bewegung Freies Deutschland die wichtigste Seite ihres politischen Engagements. Geleitet wird die Vereinigung von dem Schriftsteller Ludwig Renn, der als Kommandant in den Internationalen Brigaden im Spanischen Bürgerkrieg gekämpft hat. Sie verstehen sich als breite antifaschistische Sammlungsbewegung. Ihnen allen hat Hitler, aus politischen oder rassistischen Gründen, die Lebensmöglichkeit in Deutschland genommen. Das verbindet sie auch über Unterschiede hinweg. Nicht immer herrscht Harmonie innerhalb ihrer Gruppe. Anna Seghers will sich mit voller Energie engagieren. Und doch muss sie als Schriftstellerin, Ehefrau und Mutter ihre Kräfte bündeln. Sie hat, anders als die Männer unter den Genossen, eine Familie zu versorgen.

Wie so oft in der Emigration, sind es jetzt in Mexiko wieder vor allem die Frauen, die mit ihrem praktischen Sinn für das Naheliegende ihren Familien die materielle Grundlage einer gelingenden Ankunft sichern. Viele der Ehefrauen von Emigranten beschaffen sich eine Arbeitsstelle, die zwar nicht selten unterhalb ihrer eigentlichen Qualifikation liegt, aber das Lebensnotwendige einbringt: Sie geben Sprachunterricht, beaufsichtigen Kinder, arbeiten als Krankenschwester oder Pflegerin, als Sekretärin oder – wie Charlotte Janka – als Mitarbeiterin eines französischen Pharma-Unternehmens. Steffie Spira etwa konstatiert später: „Was aber konnte ich? Gelernt hatte ich nichts, außer Theater spielen. Frauen sind aber anpassungsfähig, bewandert in Hauswirtschaft und Kinderpflege. Das wurde mein Metier."

Es gibt für die Emigranten in Mexiko keine Einschränkung der Arbeitserlaubnis wie zum Beispiel in Frankreich. Oft verdienen die Frauen das Geld, von dem die Familie lebt, und halten damit ihren Männern den Rücken frei für ihre politische Arbeit. Einmal singt Anna Seghers auf die Freundin Gisl Kisch ein Loblied und schreibt, *in Egons Heim bedeutet die Gisl das, was man in der Chemie, ich glaube, Katalysator nennt, eine Substanz, ohne die ein bestimmtes Element nicht zu der ihm eigenen Wirkung kommt.* Das Umfeld, das die Frauen gerade während des Exils ihren Männern bereiten, ist so unersetzlich wie lebensnotwendig.

Transit: Ein Höhepunkt der Exilliteratur

Nun kann sich Anna Seghers endlich auf den neuen Roman konzentrieren. Hat sie in den Roman *Das siebte Kreuz* ihre ganze Sehnsucht nach der rheinhessischen Heimat, der Landschaft am Rhein und der Mentalität ihrer Menschen eingeschrieben, so in *Transit* das Bewusstsein der Gefahr, in der sie alle in den letzten Jahren in Frankreich überlebt haben:

Marseille, der Ort der Exilierten. Dieser Roman und die Geschichte des jungen Ich-Erzählers ist zugleich die Geschichte von Anna Seghers selbst. Wie Tausende andere Emigranten aus vielen Ländern Europas, erlebte sie im Winter und Frühjahr 1940/41 in Marseille all das, was diesen Roman zu einem der großartigsten Werke der Schriftstellerin macht. Marseille ist der Schmelztiegel der abendländischen Kultur, ein Völkergemisch, das Gewimmel von Leben und Sterben. Ein Ort, an dem immer *eine Straße mündete*. Von jeher haben hier Seefahrer und Ruhelose aller Völker eine Herberge gefunden.

Auch für sie und die Ihren bedeutete dieser Aufenthalt Lebensgefahr und einen Wettlauf mit der Zeit. Als sie im September 1940 mit ihren Kindern endgültig aus Paris geflohen war, weil die deutsche Wehrmacht die Stadt und den gesamten Norden Frankreichs besetzte, schlugen sie sich nach Süden durch, über die Loire. Der Fluss war die Demarkationslinie zwischen dem besetzten und dem noch unbesetzten Teil Frankreichs. In der Hafenstadt Marseille saßen die Konsulate der ausländischen Mächte, die, wenn man Glück hatte, einige der Flüchtlinge aufnehmen und ihnen die lebenswichtigen Visa erteilen würden. Hintergrund dieser ganzen verwickelten Geschichte ist, dass es der Familie Seghers-Radvanyi im Frühjahr 1941 tatsächlich gelungen war, mit dem rettenden Visum für Mexiko Europa zu verlassen.

Noch auf der Flucht mit dem Schiff „Capitaine Paul Lemerle" begann Anna Seghers, an diesem Buch zu arbeiten. In Mexiko dann schreibt sie den Roman zu Ende, der einer ihrer berühmtesten und zugleich einer der besten der deutschen Exilliteratur überhaupt werden sollte. Erschienen ist er zuerst in englischer Übersetzung im Verlag Little, Brown and Co. in Boston und in spanischer Übersetzung in Mexiko.

Anna Seghers lässt in *Transit* den jungen deutschen Emigranten Seidler seine Geschichte erzählen. Er war durch einen Zufall in den Besitz der Papiere des deutschen Schriftstellers Weidel gelangt, der sich in Paris auf der Flucht vor den Nazis in einem kleinen Hotel in der Rue de Vaugirard das Leben genommen hatte. Mit der Figur Weidels setzt Anna Seghers ein Zeichen der Erinnerung an den jüdischen Schriftsteller und Arzt Ernst Weiß, der genau dieses Schicksal erlitten hatte. Sie hatte noch kurz vor ihrer Abreise aus Paris von seinem Selbstmord erfahren und war tief getroffen. Er war der Verzweiflung, Einsamkeit und Ausweglosigkeit erlegen, gegen die sie selber stets anzukämpfen hatte.

Die Verwechslung der Personen und die ständige Irritation durch die Namensähnlichkeit, all das führt in eine beinahe kafkaeske Situation. Die wird zum Kern des Romangeschehens. Auch hier gibt es eine Analogie zur biografischen Situation von Anna Seghers selbst: Sie, deren Pass auf ihren bürgerlichen Namen Netty Radvanyi, geb. Reiling, ausgestellt war, musste auf den Konsulaten nachweisen, dass sie identisch war mit jener Anna Seghers, auf deren Namen Gelder zur Unterstützung der gefährdeten Schriftstellerin von einem US-amerikanischen Hilfskomitee eingegangen waren. Laszlo Radvanyi, ihr Ehemann, saß in einem der französischen Internierungslager für sogenannte feindliche Ausländer, zunächst in Le Vernet am Fuße der Pyrenäen, später in Les Milles bei Marseille. Auch für ihn und die beiden Kinder Peter und Ruth musste Anna Seghers die Ausreisepapiere und die Transits erlangen.

In Marseille wohnt die Autorin in dem kleinen Hotel „Au mage“, auf Deutsch „Zum Magier“. Ein sprechender Name, als hätte sie das billige Hotelzimmer in einer winzigen Seitenstraße der Canebière bewusst ausgesucht. Ihr Magierhandwerk betreibt sie ja seit den ganz frühen Erzählungen wie *Die Toten auf der Insel Djal* oder *Die Legende von der Reue des Bischofs Jehan D'Aigremont*. Immer lässt sie die reale mit der übernatürlichen, der magischen und mythischen Welt in Austausch treten. Bei Anna Seghers sind beide Welten nicht getrennt. Oft durchdringen sie einander. So auch in diesem Buch.

Die Romanhandlung setzt all jenen Flüchtlingen ein Denkmal, die, wie die Autorin selbst, diese nervenzehrenden Wochen und Monate in Marseille durchgestanden haben, bis ihnen die Ausreise gelang – oder in manchen tragischen Fällen auch nicht. Die *Transit*-Problematik lässt sich mit dem paradox erscheinenden Satz einkreisen: Um bleiben zu dürfen, muss man nachweisen, dass man abreisen will, muss man seine Ausreise bei den Konsulaten aktiv und mit Verve betreiben. Nur dann bekommt man von den französischen Behörden die notwendige Verlängerung der Aufenthaltserlaubnis – ohne die wiederum man illegal in Frankreich leben würde. Und das Vertrackte der Situation der meisten Flüchtlinge besteht darin, dass immer gerade das eine der erforderlichen Papiere abgelaufen ist, bevor man das nächste errungen hat. Ein Teufelskreis. Die betroffenen Menschen sind *wie verzehrt vom Warten*.

Für den Ich-Erzähler ändert sich alles schlagartig, als er in Marseille auf eine junge Frau trifft, die all sein Denken und Fühlen beschäftigt, die ihn nicht mehr loslässt und seine Bemühungen um Ausreise unter völlig neue Vorzeichen stellt. In einem Café am Alten Hafen von Marseille sitzend, erzählt Seidler einem namenlosen Gegenüber den Hergang seiner Geschichte. Er fühlt sich *blutjung*, und er fühlt sich *uralt* – wie eine mythische Gestalt, losgelöst von Raum und Zeit, beladen mit den Erfahrungen all derer, die vor ihm waren und nach ihm kommen werden. Es drängt ihn, nun mitzuteilen, was ihm geschah: *Eine Frau kam herein. Was soll ich Ihnen darüber sagen? Ich kann nur sagen: sie kam herein. Der Mann, der sich das Leben nahm in der Rue de Vaugirard, hat es anders ausdrücken können. Ich kann nur sagen: sie kam herein.* Diese Begegnung verändert alles. Er ist verzaubert von ihrer Erscheinung. Da weiß der Ich-Erzähler noch nicht, dass sie die Ehefrau jenes toten Schriftstellers Weidel war, von dessen Tod wiederum sie, diese Marie, nichts ahnt. Sie sucht ihn in diesen Wochen in Marseille mit einer nicht erlahmenden Ausdauer und Beharrlichkeit, die dem Ich-Erzähler zusetzt. Denn man hatte ihr auf dem Konsulat gesagt, ihr Mann, der Schriftsteller Weidel, sei selbst hier in der Stadt. Sie muss ihn unbedingt finden, um aus Frankreich ausreisen zu können, da sie keinen eigenen Pass hat und dafür seine Begleitung braucht. Nur will sie nicht wirklich mit ihm ausreisen, sondern mit einem anderen Mann, einem Arzt, für den sie ihren Ehemann verlassen hat. Und so kann der junge Mann natürlich nicht ahnen, dass sie im Grunde nach ihm sucht, der ja nun mit der Identität ihres Ehemannes in Marseille lebt. Ihm erscheint nur allmählich, *als hefte sich etwas immer zäher an meine Fersen*. Eine verworrene Situation, scheinbar nicht zu lösen.

Anna Seghers bietet alles auf und macht diese Geschichte der atemberaubenden Flucht zugleich zu einer tief ergreifenden Liebesgeschichte. In einem Brief vom März 1941 schrieb die Autorin, sie habe begonnen, an einem neuen Buch zu arbeiten: *etwas sehr Leichtes, sehr Sanftes*. Denn zwischen Marie und dem jungen Ich-Erzähler entsteht eine zarte, behutsame Liebesbegegnung, die sich am Ende nicht verwirklichen lässt. Während Marie noch immer alle Cafés der Stadt abläuft, um ihren Mann zu finden, und an seinen Tod bis zuletzt nicht glauben kann, wird für den Ich-Erzähler jeder Tag ohne sie ein verlorener Tag. *Mir aber, warum sie auch kommen mochte, erschien ihr Kommen die Folge meines Wartens*. Anna Seghers gelingen wundervolle Sentenzen einer traumhaft unwirklichen Annäherung dieser beiden Menschen, die füreinander hätten bestimmt sein können, wenn sie sich früher begegnet wären. Noch ist sich der junge Mann unschlüssig: *Mit ihr bleiben? Mit ihr abfahren?* Doch je länger Maries verzweifelte Suche andauert, desto mehr begreift er: *Der Tote war uneinholbar. Er hielt in der Ewigkeit fest, was ihm zustand*. Die Bindung der Frau an ihren Mann, dessen Tod sie nicht wahrhaben will, würde ihn immer von ihr trennen. *Eher werde ich des Wartens müde als sie des Suchens nach dem unauffindbaren Toten*. Immer wieder werden die

Geschichten von der Liebe damit beginnen, dass *eine Frau hereinkommt …*

Die Pizzeria an der Ecke der Rue de la République, in der der Ich-Erzähler so oft mit Marie gesessen hat, erscheint ihm später, nach der Abreise von Marie und ihrem Begleiter, als *das letzte Feuer, die letzte Herberge in der Alten Welt, die uns Obdach gewährte.* Marie nämlich ist letztlich, nachdem der vermeintliche Schriftsteller Weidel auf dem mexikanischen Konsulat die Identität seiner Ehefrau bestätigt hat, mit dem Arzt auf der „Montreal" abgefahren. Er selber entschließt sich im letzten Augenblick, als er alle seine Papiere zusammen hat, zum Bleiben. Um mit seinen Erlebnissen fertig zu werden, sie ordnen und verstehen zu können, muss er sie jemandem erzählen. Zwar weiß er, fast alle haben ganz unwahrscheinliche Geschichten erlebt, und leicht langweilt man einen anderen damit, doch: *Ich möchte trotzdem einmal alles von Anfang an erzählen.* Dieses Motiv des Erzählenmüssens kehrt in der Prosa von Anna Seghers immer wieder, als ein therapeutisches Moment, das dem Menschen hilft, die Vergangenheit aufzuarbeiten. Auch der französische Fremdenlegionär, auf den Seidler in einem Café in Marseille trifft, ist besessen von dem Wunsch, sein verworrenes Leben einem anderen Menschen mitzuteilen: *Denn abgeschlossen ist, was erzählt ist. Erst dann hat er diese Wüste für immer durchquert, wenn er seine Fahrt erzählt hat.* Im Erzählen etwas Schweres überwinden und diesen unerträglichen Druck loswerden, das ist das autobiografische Motiv, das dieser Prosa zugrunde liegt.

Und so beginnt der Roman *Transit*, die an seinen ungenannten Zuhörer gerichtete Erzählung Seidlers, mit dem Nachtrag des Endes: *Die ‚Montreal' soll untergegangen sein zwischen Dakar und Martinique. Auf eine Mine gelaufen. Die Schiffahrtsgesellschaft gibt keine Auskunft. Vielleicht ist auch alles nur ein Gerücht.* Er dagegen, der junge deutsche Flüchtling und Antifaschist, will in Frankreich bleiben, sich seinen Freunden des französischen Widerstands anschließen. Er will mit ihnen leben und mit ihnen kämpfen, denn nach all den aufrührenden, zermürbenden Geschehnissen in Marseille hat er den Wunsch, doch endlich sesshaft zu werden. Und zwar hier, in der Alten Welt. Denn einige müssen doch bleiben, um dem Feind nicht kampflos das Terrain zu überlassen. Die Schriftstellerin befestigt damit ein Heimatgefühl, die Beständigkeit, das Beschwören des Dauerhaften als Gegensatz zur Situation des Transitären der Flüchtlinge. Die Stadt Marseille wird zum Symbol als Ort der letzten Herberge, des letzten Feuers auf dem alten Kontinent, der ihnen trotz aller Gefährdung Heimat bleibt. Und das offene Feuer der Pizzaöfen in den Cafés der Stadt wärmt ebenso symbolisch wie real die im kalten Mistral der Küste frierenden Emigranten.

Seidlers Freund George, in dessen Familie er aufgenommen wird als einer der Ihren, bestärkt ihn in seinem Entschluss: *Für dich ist es richtig zu bleiben. […] Du gehörst zu uns. Was uns geschieht, geschieht dir.* Er wird mit ihnen auf den Pfirsichfeldern arbeiten, bei der Ernte helfen – ein Sinnbild für das immer wieder neu entstehende Leben – und sich mit ihnen gemeinsam gegen die deutschen Eroberer stemmen.

Gilberto Bosques (1892–1995) hat noch Jahrzehnte später, im Alter von 101 Jahren, seine Begegnungen mit Anna Seghers im Generalkonsulat Mexikos in Marseille nicht vergessen. Sie musste dort mehrfach um eine Einreisegenehmigung für ihre Familie vorstellig werden, weil ihr Mann noch im Lager Les Milles festsaß. Genau das erschwerte die Ausreisegenehmigung aus Frankreich, die Visa de Sortie. Er erinnere sich, sagte Bosques 1993 in einem Interview, „dass ich ihr einmal eine persönliche Notiz zukommen ließ, in der ich schrieb, dass die menschlichen Dramen all der Flüchtlinge mit ihren persönlichen und materiellen Problemen, ihre allgemeine, familiäre, politische Situation und so weiter doch ein einmaliger und wertvoller Fundus seien, um darüber ein Buch zu schreiben“.

Dieser Roman, eines der besten Werke der deutschen Exilliteratur, erscheint 1944 in Mexiko in spanischer Sprache mit dem Titel *Visado de Transito* (übersetzt von Angela Selke und Antonio Sanchez Barbúdo), und ebenfalls in ihrem Verlag Little, Brown and Company in Boston. Der Verlag hatte mit *The Seventh Cross* ein so gutes Geschäft gemacht, dass er werbewirksam auf dem Titelcover vermerkt: A Novel by Anna Seghers, Author of The Seventh Cross. Eine erste Verfilmung wird erst Jahrzehnte später entstehen, in den 1990er-Jahren, dafür aber am Originalschauplatz in Marseille, von dem französischen Regisseur René Allio gedreht. Im Verlag El Libro Libre allerdings ist *Transit* nicht erschienen. Offenbar fanden Seghers' Genossen, dieses Stück ihrer Vergangenheit sei nun erledigt und man müsse andere Themen wählen.

Am 15. April 1944 schreibt Anna Seghers in die mexikanische Ausgabe ihres Romans *La Séptima Cruz* (ins Spanische übersetzt von Wenceslao Roces), wie *Transit* im Verlag Nuevo Mundo erschienen, die Widmung: „A Gilberto Bosques quien tanto hizo para nosotros,

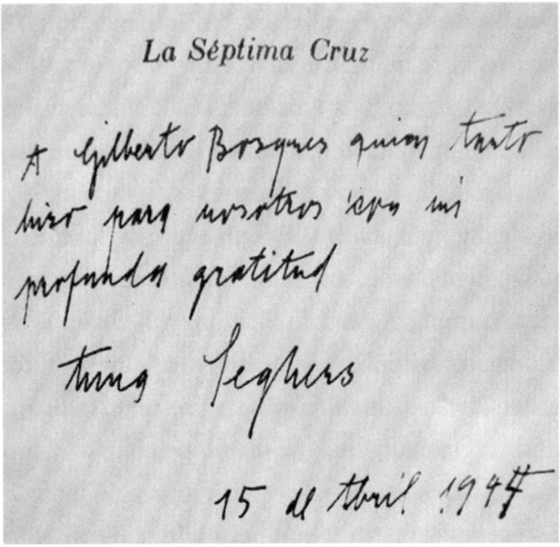

Das siebte Kreuz, Widmung für Gilberto Bosques

con mi profunda gratitud“ (Gilberto Bosques gewidmet, der so viel für uns getan hat, in tiefer Dankbarkeit, Anna Seghers).

Gilberto Bosques selber hatte da ein Jahr Kriegsgefangenschaft in Deutschland hinter sich. Nach der Kriegserklärung Mexikos an Deutschland wurden auch die diplomatischen Beziehungen zum besetzten Frankreich abgebrochen. Anders als für Angehörige diplomatischer Vertretungen normalerweise, wurden ihnen jedoch nicht die üblichen Schutzbestimmungen zuerkannt, also Möglichkeiten zur Ausreise mit Garantie für Leib und Leben. Die französischen Behörden internierten sie zunächst in Amélie-les-Bains in Südfrankreich. Bald darauf wurden sie nach Deutschland deportiert und in Bad Godesberg im Hausarrest festgehalten. Es handelte sich um eine Gruppe von 43 Missionschefs mit ihren Angehörigen, die nun wie Kriegsgefangene behandelt wurden. Bosques erinnerte sich, dass die Umstände hart waren und es wenig zu essen gab. Sie durften die Unterkünfte nicht verlassen. Nach über einem Jahr wurden sie durch Vermittlung der schwedischen Regierung gegen deutsche Kriegsgefangene ausgetauscht. Über Portugal und New York geht die Heimreise – an Bord des schwedischen Schiffs „Gripsholm“. Als er im März 1944 mit dem Zug in seiner Heimat Mexiko-Stadt eintrifft, wird ihm und seiner Familie von einer riesigen Menschenmenge bereits im Bahnhof ein begeisterter Empfang bereitet. Die spanischen und deutschen antifaschistischen Emigranten feiern ihn als ihren Retter. In einem Interview, das Alexander Abusch für die Zeitschrift *Freies Deutschland* mit Bosques führt, berichtet er über seine Erlebnisse während der Internierung in Godesberg.

Anna Seghers und Laszlo Radvanyi besuchen Bosques mehrmals in seinem Haus und tauschen sich mit ihm über die Situation in Europa aus. Er nennt Anna Seghers „eine große, starke Persönlichkeit mit einem sehr eigenen Profil“. Zwar werden sie sich nach dem Ende des Exils nicht mehr wiedersehen, doch die Begegnungen in Marseille und in Mexiko haben für die Schriftstellerin eine besondere Bedeutung, über die lebensrettende Erteilung der Visa hinaus. Sie sieht in Gilberto Bosques einen Menschen, der den Idealen der mexikanischen Revolution von 1910 seit den Jahren seiner Jugend treu geblieben ist.

Die Katastrophe

Die Katastrophe kommt, wie immer in solchen Fällen, völlig unerwartet. An einem frühen Abend ist Anna Seghers auf dem Weg zu einer Versammlung im Heinrich-Heine-Klub. Wahrscheinlich sollte sie aus dem Roman *Das siebte Kreuz* lesen. Es ist der 24. Juni 1943, und in Eile überquert sie eine der großen, vielspurigen Avenidas der Hauptstadt, den Paseo de la Reforma. In den Tropen fällt die Nacht immer sehr schnell herein, ohne lange Dämmerung. Es regnet sturzbachartig, wie üblich bei großen tropischen Regengüssen. Zudem ist Anna Seghers kurzsichtig und trägt wahrscheinlich ihre Brille nicht. Offenbar läuft sie sehr schnell, um einen Bus zu erreichen. Ein Lastwagen erfasst sie, und sie bleibt schwer verletzt liegen. Der Fahrer hält nicht einmal an, er begeht Fahrerflucht, wie das damals bei Verkehrsunfällen öfter geschah, wohl aus Angst vor der Polizei.

Die Verletzte wird gefunden und in eine Klinik gebracht. Sie trägt jedoch keine Ausweispapiere bei sich, nur eine Telefonnummer. Mitten in der Nacht läutet bei den Radvanyis das Telefon: Die Notaufnahme vom Roten-Kreuz-Krankenhaus in der Calle Monterrey meldet, man habe ein Unfallopfer gefunden, das nur diese Telefonnummer bei sich hat. Es solle jemand kommen und diese Person identifizieren. So erfährt Laszlo Radvanyi von dem schrecklichen Unglück. Im Krankenhaus findet er seine Frau bewusstlos, mit mehreren Verletzungen am Kopf und an den Armen. Glück im Unglück: Sie kennen den Arzt Professor Dr. Mariano Vázquez, einen Neurochirurgen, der kommt und Anna Seghers mehrfach gründlich untersucht. Auf den Röntgenbildern stellt man einen Schädelbruch fest, außerdem hat sie innere Hämatome. Mehrere Tage lang hält die Bewusstlosigkeit an. Die Verletzte lebt in einer anderen Welt.

Dieser Schlag trifft Anna Seghers in der Mitte des Lebens: Es ist ihre beste Zeit. Gerade hatte sie mit ihrem Roman endlich einen so großen Erfolg errungen.

Die Familie ist in großer Sorge. Der Schock sitzt tief. Anna Seghers liegt im Koma. Niemand dringt zu ihr durch. Laszlo informiert die Freunde, und da zeigt sich, wie unersetzlich es ist, fest in einem Freundeskreis aufgehoben zu sein. Einige Freundinnen von Anna Seghers wechseln sich täglich ab, um an ihrem Krankenbett zu wachen und vielleicht dabei zu sein, wenn sie zu sich kommt. Erst nach Tagen erlangt sie ganz langsam und für kurze Momente das Bewusstsein wieder, spricht einige unzusammenhängende Worte vor sich hin. Aber schnell stellt sich heraus, dass sie ihr Erinnerungsvermögen verloren hat. Sie weiß nicht und wird es später nie mehr rekonstruieren können, was wirklich geschehen ist in diesen dramatischen Sekunden auf dem Paseo de la Reforma. Die Ärzte nennen einen solchen Gedächtnisverlust eine Amnesie. Im Spital wird sie sehr gut gepflegt. Die Verletzungen heilen allmählich. Aber noch weiß niemand, ob sie je wieder vollständig genesen wird. Denn ohne Erinnerung ist der Mensch wie amputiert; so würde sie nie wieder schreiben und erzählen können. Dieser Abend hätte um ein Haar das Ende von allem bedeuten können.

Bertolt Brecht notiert am 26. Juni 1943 in seinem *Arbeitsjournal*: „früh halb neun, im radio: anna seghers liegt in einem mexicospital im koma, nachdem sie gestern auf der Straße aufgefunden wurde, überfahren oder wie die polizei annehme, aus einem auto geworfen." Brecht lebt zu dieser Zeit mit seiner Familie bereits zwei Jahre in Kalifornien in der Emigration, nachdem er durch so viele Exilstationen ziehen musste, „öfter als die Schuhe die Länder wechselnd", wie er sarkastisch im Gedicht *An die Nachgeborenen* schreibt. Seit Ende der Zwanzigerjahre sind Seghers und Brecht befreundet, ganz besonders auch mit Helene Weigel.

Dass Brecht die Nachricht vom Unfall im Radio hört, bezeugt, welche Bekanntheit Anna Seghers in den USA durch den Bestsellererfolg ihres Romans *The Seventh Cross* erlangt hat. Vielerorts wird im Juni 1943 spekuliert, ob es sich um einen Anschlag auf das Leben der bekannten Schriftstellerin und Antifaschistin gehandelt hat. Auch Bodo Uhse, mit Anna Seghers schon im Exil in Mexiko befreundet, geht damals wie viele andere davon aus. In einem Geburtstagsgruß wird er ihr später einmal schreiben, wie sich das tragische Unglück in seine Erinnerung eingedrückt hat: Ein vorbeirasendes Auto habe sie umgerissen, als sie im starken Regen die Prachtstraße der mexikanischen Hauptstadt, den Paseo de la Reforma, überqueren wollte, „und nie ist geklärt worden, ob leichtfertiges Ungeschick oder wohlüberlegte mörderische Absicht dabei das Steuer geführt hatte. Nicht Tage, Wochen schwanktest Du zwischen Leben und Tod." Doch die Nahestehenden meinen schließlich alle, dass es tatsächlich ein Unfall war. Für einen Anschlag findet sich kein Anhaltspunkt.

Unter den Freundinnen, die sich ablösen, sind Gisl Kisch, Ursula Meyer, Jeanne Stern und Lenka Reinerová. In ihren Lebenserinnerungen *Es begann in der Melantrichgasse* wird Lenka einmal festhalten, wie ihr zumute war, als sie am Krankenbett saß und sich beklommen fragte, wie gerade sie dazukomme, anzuhören, „was Anna Seghers wahrscheinlich nur sich selbst anvertraute“, jedoch keinem Außenstehenden. Noch ist nicht sicher, ob der Lebensfaden der Verletzten der gewaltsamen Zerreißprobe standhalten kann. Lenka beschreibt das Bett, in dem in einem Einzelzimmer die bewusstlose Gestalt der Freundin liegt, die geschlossenen Augen violett unterlaufen, den Kopf in dicke Verbände eingebettet. „Ich saß wie festgenagelt auf meinem Stuhl, wagte kaum zu atmen, konnte nur fasziniert zuhören, wie es in ihr wehklagte, aber auch schon mit der bedrückenden Finsternis kämpfte und rang, und wie sich langsam einst Gesehenes und Erlebtes zu Bildsplittern zusammenfügte, ein hauchdünnes Gewebe, beinahe ein Nichts und doch schon etwas, der Anfang neu erwachenden Lebens.“ Lenka hört gemurmelte Worte von einem langen Zug, dem sie hinterherzulaufen versuchte, dann wiederum von einer Blume und zu viel Licht, das sie störte. Die junge Lenka Reinerová ist sensibel genug, solche kaleidoskopartigen Einblicke in ein verletztes Inneres wie ein Geheimnis zu behandeln, an das man nicht rührt. Dieses enge Vertrauensverhältnis, das sich in jenen außergewöhnlichen Momenten am Krankenbett zwischen den beiden Frauen bildet, wird ein Leben lang anhalten.

Die Kinder sind zutiefst erschrocken, als sie ihre Mutter zum ersten Mal im Krankenhaus besuchen dürfen. Man hat ihr das lange Haar abgeschnitten, um die Kopfverletzungen untersuchen und behandeln zu können. Der Sohn Pierre erinnert sich noch viel später daran, wie die Mutter unter Schmerzen stöhnt und sich hin und her wälzt. Die Fotos, die in den folgenden Wochen entstehen, zeigen

Mit der Tochter Ruth nach dem Unfall, 1943

eine völlig veränderte Anna Seghers: Das kurze Haar beinahe ganz ergraut, der Blick in die Ferne gerichtet – oder vielleicht auch nach innen. Sie scheint noch nicht wieder im wirklichen Leben angekommen zu sein.

Doch das Wunder geschieht: Anna Seghers findet ihr Bewusstsein wieder, beginnt zu sprechen, murmelt zuerst nur einige Worte vor sich hin, darunter ist mehrfach ihr Mädchenname Netty. Das, was aus ihrem Gedächtnis zuerst wiederkehrt, scheint lange Zurückliegendes zu sein, Bruchstücke aus Kindheit und Jugend. Ein besonders berührendes Foto entsteht, als die Tochter Ruth bei ihr ist und die Mutter, die erstmals wieder auf eigenen Beinen steht, den Kopf wie Schutz suchend an die Schulter des Mädchens lehnt, noch kraftlos und sehr, sehr müde.

Aber sie hat überlebt – das ist das Entscheidende. Nun kann es nur aufwärts gehen. Anna Seghers wird in ein anderes Krankenhaus verlegt, wo sie die nächsten zwei, drei Monate im dazugehörigen Garten allmählich wieder zu Kräften kommen kann. Es dauert lange, ehe sie ihre Fähigkeiten zurückerlangt; noch geraten ihr beim Sprechen die Sprachen durcheinander, Deutsch und Französisch und Spanisch. Der ärztliche Bericht von Dr. Mariano Vázquez vom 13. Juli 1943 bescheinigt als Folge der langanhaltenden Bewusstlosigkeit der Patientin einen Zustand der Amnesie für verschiedene Vorgänge ihres früheren Lebens.

Viele Jahre später schreibt sie in einem Brief an einen jungen Mann, der gerade einen ähnlichen Unfall überlebt hat, von ihrem eigenen Zustand damals: *Ich konnte monatelang nicht lesen. Auch später, wenn mir nicht ein Auge zugebunden wurde, sah ich alles verquer wie ein ganz verrücktes Bild. Wenn mich meine Freundin besuchte, hatte ich das Gefühl, sie hätte ein Auge auf der Stirn wie ein Zyklop.* Ihr Zustand hält sie noch lange zwischen Gefahr und Genesung. Aber schließlich setzt sich ihre Lebenskraft durch.

Die Kinder Ruth und Pierre sind mittlerweile größer geworden, fünfzehn und siebzehn. So können sie ihr an Liebe und Fürsorge zurückgeben, was sie all die Jahre ihrer Kindheit von der Mutter empfangen haben. Der Zusammenhalt in der Familie bewährt sich gerade in diesen Wochen der äußersten Gefährdung. Denn längst ist noch nicht alles überstanden. Die Patientin muss erst wieder lernen, wer sie ist, muss ihren Erinnerungen vertrauen lernen.

Die Haare wachsen allmählich wieder. Auf den Fotos, die sie mit den Kindern zeigen, hat sie sogar ihr Lächeln wieder. Und ein älteres deutsches Ehepaar, Herr und Frau Lindau, Emigranten wie sie alle, bietet Anna Seghers nach der Entlassung aus der Klinik an, sich in ihrem nahegelegenen Garten weiter zu erholen, wenn sie einen Ort suche, an dem sie ungestört und in völliger Ruhe nachdenken wolle. So kommt es, dass sie inmitten eines schönen blühenden Gartens, im Schatten eines alten Nussbaums, nach einiger Zeit wieder zu schreiben beginnt.

Und im Refugium dieser freundlichen Mitglieder des Heinrich-Heine-Klubs entstehen wohl die ersten Notizen zu ihrer Erzählung *Der Ausflug der toten Mädchen*. Dort wird es zu Anfang heißen: *Ich hatte Monate Krankheit gerade hinter mir, die mich hier erreicht hatte, obwohl mir die mannigfachen Gefahren des Krieges nichts hatten anhaben können. Wie es bisweilen zu gehen pflegt, die Rettungsversuche der Freunde hatten die offensichtlichen Unglücke von mir gebannt und versteckte Unglücke beschworen.* Mit dieser meisterhaften Erzählung wird sich Anna Seghers ihre verlorenen Erinnerungen zurückerobern und sich wieder ins Leben schreiben.

Die versteckten Unglücke aber sind die gefährlichsten, die, mit denen man nicht rechnen und vor denen man sich nicht schützen kann, weil sie aus einer ungeahnten Richtung auf einen zukommen. Aus dieser verzweifelten persönlichen Situation, so hart am Abgrund, entsteht Weltliteratur, eine der schönsten, dichtesten Erzählungen der deutschen Literatur des 20. Jahrhunderts. Ein kostbares Stück Prosa.

Am 1. November 1943 schreibt Anna Seghers ihrem Freund Wieland Herzfelde nach New York einen Brief und nimmt damit die Idee wieder auf, in seinem kleinen Aurora-Verlag einige Novellen zu veröffentlichen.

Arbeitsplatz von Anna Seghers in ihrer Wohnung

Herzfelde hatte im Berlin der Weimarer Republik als junger Mann den Malik-Verlag gegründet, der sich für linke avantgardistische Literatur engagierte. Dessen Name geht auf den Roman *Der Malik* von Else Lasker-Schüler zurück, die der junge Herzfelde leidenschaftlich verehrt. Nun fragt Anna Seghers ihn, ob sein Verlag denn gedeihe oder ob der Plan gescheitert sei. Die Monate der Krankheit hatten den Faden abreißen lassen. Sie teilt ihm den Unfall mit, die Zeit der Bewusstlosigkeit, und dass es ihr noch immer nicht wirklich gut gehe. *Meine Augennerven sind noch verletzt, doch ich schreibe wieder Briefe, ja sogar Novellen, noch sehr langsam, aber ich tue es.* Sie arbeite noch mit verminderter Kraft, schränkt sie ein, doch Pläne habe sie genug im Kopf für viele Novellen und einen größeren Roman. Was muss das für ein Gefühl für sie sein, endlich wieder schreiben zu können! Nun weiht sie ihn ein in die Geschichte, die sie zu schreiben beabsichtigt, zu der die Idee bereits vor dem Unfall entstanden sei. Doch jetzt möchte sie dieses ganz *Neue, Unvorhergesehene* wirklich schreiben und bietet es ihm für seinen Verlag an. Herzfelde antwortet ihr Ende November und ist sehr froh über diese Nachricht; eigentlich hatte er nach dem Unfall gar nicht gewagt, auf die frühere Zusage zurückzukommen. Am 17. Dezember dann scheint das Manuskript vom *Ausflug der toten Mädchen* schon so weit vorangekommen, dass sie ankündigen kann, es demnächst nach New York zu schicken: Das Erste, was sie nach der Genesung fertigbringt. Es ist eine Rückbesinnung auf die Herkunft aus Mainz, die eigene Jugend – jene Gedächtnisinhalte, die ihr zwischen Bewusstlosigkeit und Erwachen zuerst wiedergekommen sind. Aus einem Brief vom 1. Januar 1944, dessen Empfänger nicht mehr zu ermitteln ist, offenbar aber eine alte Freundin in der Heimat, erfährt man indes etwas über die sehr persönliche Motivation der Schreibenden: *Als ich Deinen Brief las, in dem Du meinen Vater erwähnst und Apfelmost und Streuselkuchen, wurde alles wieder deutlich für mich, so daß Dein lieber Brief eine bessere Wirkung hatte als Ärzte und Freunde.* Plötzlich steht ihre Jugend in der verlorenen Heimat vor ihr. Diesen wie viele andere Briefe an frühere Gefährten unterschreibt Anna Seghers mit *Netty*, ihrem Kindheitsnamen. Das Erinnertwerden an Mainz, an die Eltern und die Gefährten jener Jahre löst in der noch immer vom Unfall Geschwächten einen intensiven Schreibimpuls aus, der dabei hilft, sie ins Leben zurückzuführen.

Die ursprüngliche Idee hat sich beim Arbeiten verändert, präzisiert, verdichtet. Denn nun muss Anna Seghers damit rechnen, ihre Mutter Hedwig Reiling nie mehr wiederzusehen. Seit Langem hat sie nichts mehr von ihr gehört. Die Endgültigkeit eines Abschieds grundiert diese Erinnerungen dunkel und wehmütig. Die Angst um das Schicksal der Mutter macht ihre Träume schwer *im Schlaf zwischen zwei harten Tagen*, wie es im Motto zur Erzählung *Die schönsten Sagen vom Räuber Woynok* heißt.

Um diese Zeit weiß Anna Seghers nicht, wie es wirklich um die Mutter steht. Die Sorge um sie drückt beständig auf ihre Seele. Alle Bemühungen, ein Visum für die Mutter nach Mexiko zu besorgen, sind gescheitert. Ihr Briefkontakt, der während der Exiljahre in Paris noch regelmäßig verlief, ist abgebrochen. Der Vater, Isidor Reiling, ist bereits 1940 in Mainz gestorben. Das hat sie noch in Frankreich erfahren. Nach den schlimmen Pogromen der Nazis im November 1938, der sogenannten Reichskristallnacht, musste auch er sein Geschäft für Kunst und Antiquitäten aufgeben, das er zusammen mit seinem Bruder führte. Er sah sein Lebenswerk vernichtet, verlor alle Hoffnung. Die Lebensbedingungen der jüdischen Bevölkerung wurden immer weiter eingeschränkt. Auf der „Wannseekonferenz" vom 20. Januar 1942 beschlossen die Nationalsozialisten schließlich die Auslöschung der Juden in Europa. An eine Ausreise ist nun für niemanden mehr zu denken.

Lange Zeit noch haben die Reilings, wie viele wohlhabende deutsche Juden, darauf vertraut, dass ihnen nichts geschehen werde, denn sie waren alteingesessene und sehr angesehene Bürger der Stadt. Politisch verfolgt, so glaubten sie, seien nur die Tochter und der Schwiegersohn. Mit der grausamen Konsequenz der Vernichtung haben sie nicht gerechnet. Zu spät erkannten sie, worum es den

Nationalsozialisten tatsächlich ging. Isidor Reiling starb am 10. März 1940, zwei Tage, nachdem sein Geschäft zwangsarisiert worden war. Er wurde auf dem Jüdischen Friedhof in Mainz beigesetzt. Die repräsentative Wohnung musste das Ehepaar Reiling bereits vorher aufgeben und ins Mainzer Judenhaus ziehen. Von dort wurde Hedwig Reiling im März 1942 in das Konzentrationslager Piaski bei Lublin deportiert.

Anna Seghers weiß es nicht, doch sie muss das Schlimmste befürchten. Seitdem der Krieg ausgebrochen ist, erreichen sie nur noch wenige Briefe von Hedwig Reiling. Sie werden das Letzte sein, was ihr von der Mutter bleibt. *Manchmal lese ich die fünf, sechs Briefe, die ich von meiner Mutter erhalten habe,* heißt es 1944 voller Verzweiflung in einem Brief, *und jedesmal verfalle ich in einen unbeschreibbaren Zustand der Wut und Trauer.*

Erst im Laufe des Jahres 1944 erreichen sie vage Nachrichten von der Deportation. Die Deportationsliste vom 20. März 1942 aus dem Mainzer Stadtarchiv gibt später genau darüber Auskunft, dass Hedwig Reiling an jenem Tag zusammen mit etwa 1 000 jüdischen Bürgern nach Polen deportiert wurde, im selben Transport wie Johanna Sichel, die Lieblingslehrerin von Netty Reiling. Eine offizielle Bestätigung dieser grausamen Wahrheit erhalten die Radvanyis im Dezember 1946 durch einen Brief der Jüdischen Gemeinde Mainz, die sich aus den wenigen Überlebenden wieder gebildet hat. Damit ist für Anna Seghers der letzte Hauch einer Hoffnung verloren, die Mutter jemals wiederzusehen. Doch mehr als einmal hat Anna Seghers aus den Schatten über ihrem Leben große Literatur gemacht. In der Erzählung *Post ins Gelobte Land* steht der wunderbare Satz, der vielleicht aus dem Geden-

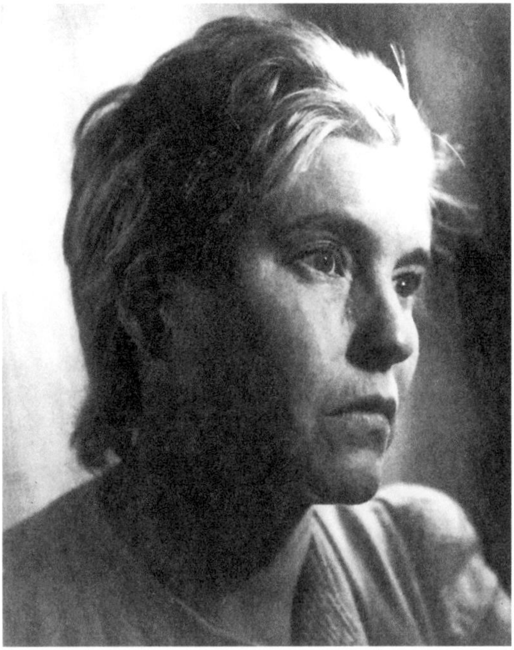

Porträt Anna Seghers, 1944

ken an die toten Eltern erwachsen ist: *Gewiß, wenn man stirbt, geht man einen weiteren Weg, als man je im Leben für möglich gehalten hat.* Nie hat sie von ihren Eltern Abschied nehmen können. Das bleibt für Anna Seghers ein lebenslanges Trauma.

Im Juli 1946 erhält sie Nachricht von einem Bekannten aus Mainz, dass eine Anna Stork noch kurz vor der Deportation mit Hedwig Reiling in Kontakt war und ein Andenken der Mutter für ihre Tochter Netty bewahrt. Anna Seghers schreibt ihr, wie sehr sie über diese Mitteilung bewegt ist. *Wenn Sie Gelegenheit hatten, mit meiner armen Mutter zu sprechen, dann wissen Sie vielleicht auch, dass wir von hier aus unser Möglichstes taten, sie herüber zu holen, sobald wir dieses Land unter den Füßen hatten. Das geschah aber einige Wochen zu spät.* Denn, wie sie vermutet, der Kriegseintritt der USA sorgte dafür, dass alle ihre Bemühungen um ein Einreisevisum für die Mutter fehlschlugen. Vor allem aber war es der Erlass des Reichssicherhauptamtes vom 23. August 1941, der die Ausreise für jüdische Bürger aus Deutschland untersagte. Offenbar hat Anna Seghers im Herbst 1941 nach langwierigen Umständen ein mexikanisches Visum für Hedwig Reiling errungen und versucht, das für die Ausreisebewilligung aus Hitlerdeutschland notwendige Geld aufzubringen. Aber, so schreibt sie in einem Brief, *auch diese Hilfe und das Visum kam um ganz kurze Zeit zu spät. Mutter war schon abtransportiert.* Dieses Scheitern lastet zeitlebens als Schuldgefühl auf ihrer Seele.

„… wie mich seit der Schulzeit niemand mehr gerufen hat“: *Der Ausflug der toten Mädchen*

Als Anna Seghers gesundheitlich einigermaßen wiederhergestellt ist, beginnt eine außerordentlich produktive Arbeitsphase. Es ist, als würde sie mit dem Schreiben den Boden unter den Füßen zurückerlangen. Am Tiefpunkt ihres Lebens, kaum halbwegs genesen, findet sie die Kraft, eine ihrer schönsten Erzählungen zu schreiben.

Immer öfter zieht sie sich nun wieder in ihre kleine Schreibwerkstatt auf dem Dach des Wohnhauses zurück. Je besser sie arbeiten kann, desto wohler fühlt sie sich. *Ich steige jeden Morgen aufs Dach und arbeite dort und nachmittags schreibe ich einen Brief*, heißt es in ihrer Korrespondenz mit Freunden. In dieser Zeit erhält sie, auf Vermittlung von Clarita Porset, eine Einladung auf das Rancho eines amerikanischen Kunstfreundes bei San Miguel de Allende. Ihr Sohn Pierre begleitet sie dorthin. Der Aufenthalt in dieser ländlichen Gegend gibt ihr innere Ruhe und Ausgeglichenheit. Die Landschaft ist geprägt von riesigen Nopal-Kakteen oder auch Agaven, deren Saft zu Pulque vergoren wird. Das reizvolle San Miguel de Allende, wenige Autostunden nördlich von Mexiko-Stadt gelegen, hat mit seinen hübschen Kolonialhäusern schon immer Künstler und Schriftsteller angezogen. Die großzügige Ausdehnung des Hochlands unter einem hohen Himmel tut dem Auge gut. Pierre Radvanyi erinnert sich: „Diese weiten Flächen, die man zu Pferd durchquert, werden in der Ferne durch Gebirge begrenzt.“

Mit den Kindern Ruth und Pierre, um 1944

Damit ist das landschaftliche Bild der Erzählung *Der Ausflug der toten Mädchen* umrissen. *Das Rancho lag, wie die Berge selbst, in flimmrigem Dunst, von dem ich nicht wußte, ob er aus Sonnenstaub bestand oder aus eigener Müdigkeit, die alles vernebelte,* heißt es über den Ort und ihren eigenen, noch geschwächten Zustand, *so daß die Nähe entwich und die Ferne sich klärte wie eine Fata Morgana.* Traum und Wirklichkeit gehen, wie so oft in der Literatur von Anna Seghers, auf eine unnachahmliche Art ineinander über. Gerade dies macht den besonderen Reiz ihrer Prosa aus. Es ist zugleich *der äußerste westliche Punkt, an den ich jemals auf Erden geraten war*, heißt es in doppelter Bedeutung für ihr Leben. Das meint die geografische Lage im Hochland Mexikos, aber ebenso die weiteste Entfernung von ihren

Ursprüngen, von der Verwurzelung in ihrer Heimat am Rhein, einer so völlig anderen Landschaft. So ist der epische Bogen aufgespannt, unter dem die Ich-Erzählerin im *Ausflug der toten Mädchen* die Brücke zwischen ihren beiden Lebenshälften schlagen wird. Jeder einzelne Satz des Anfangs steht für eine grundlegende Erfahrung der Exiljahre.

Die Eingangsszene führt in eine Pulqueria am Rande des Dorfes, in das man sie zur Erholung geschickt hat; eine dieser landesüblichen Kneipen, in der Pulque ausgeschenkt wird, das mexikanische Nationalgetränk aus gegorenem Agavensaft. Der Wirt trägt den traditionellen breitkrempigen Strohhut, der vor der unerbittlich herunterbrennenden Sonne schützt. Auf seine Frage, woher sie komme, wohl aus der Hauptstadt, antwortet sie zu seinem ungläubigen Staunen: *Nein, von viel weiter her. Aus Europa.* Damit ist ihr Status als Emigrantin ins Spiel gebracht: Eine, die über den Ozean gekommen ist, so unvorstellbar weit her, was beim Wirt ein Lächeln auslöst, als habe sie erwidert, sie komme *vom Mond.* In dieser Umgebung, in der niemand sie kennt, ist sie auf sich selbst zurückgeworfen. Genau diese Situation aber löst dann die Erinnerung an die verlorene Heimat, die Jugend, die liebsten Freundinnen von einst aus, als sie noch eine von ihnen war und sie alle zusammengehörten.

Wie aber geschieht der erzählerische Übergang aus der Gegenwart in einem mexikanischen Dorf in die erinnerte Vergangenheit ihrer Jugend? Ein Torbogen spielt eine ganz besondere Rolle. Die Ich-Erzählerin entdeckt die Mauern eines offenbar verlassenen Ranchos, tritt durch das Tor – und befindet sich in einer anderen, ganz und gar veränderten Welt. Hatte sie eben noch die Landschaft um sich herum wahrgenommen, *kahl und wild wie ein Mondgebirge*, ausgeglüht von der Sonne, steht sie plötzlich in einem blühenden Garten, wo alles frisch riecht wie im Frühling ihrer heimatlichen Gegend. Während sie, angezogen von der eigenen Neugier, darauf zugeht, verwandelt sich das Atmosphärische der Umgebung. Aus den Orgelkakteen, von denen das Dorf umgeben ist, werden üppige Fliederbüsche: *Es schimmerte grün hinter der langen weißen Mauer. Wahrscheinlich gab es einen Brunnen oder einen abgeleiteten Bach, der das Rancho mehr bewässerte als das Dorf*, versucht sie sich selbst eine Erklärung zu geben. Alles scheint uralt zu sein, wie vor Zeiten verlassen. Sie ist ganz allein. Der Schritt durch den Torbogen mit dem verwitterten Wappen darüber bedeutet, genau wie in alten Märchen, den Übergang in eine andere Wirklichkeit. Die schroffen Berghänge ringsum stehen in diametralem Kontrast zur lieblichen Rheinlandschaft, in der die folgende Geschichte angesiedelt ist. Plötzlich vernimmt sie ein regelmäßiges Knarren wie von einer Schaukel, und schon hört sie von jungen, hellen Stimmen ihren Namen rufen: *Netty!* Gerade so funktioniert es in dem Märchen *Ali Baba und die vierzig Räuber*, das Anna Seghers seit früher Kindheit bezaubert hat: Nur wer das richtige Wort hört und erkennt, das Zauberwort, dem tut sich das Tor zur Höhle mit den verborgenen Schätzen auf.

Dieser Ruf ihres Kindheitsnamens bedeutet in jenem Augenblick die Öffnung in die verlorene, so sehr geliebte Zeit ihrer Jugend am Rhein, in die Geborgenheit inmitten einer liebevollen, großen jüdischen Familie. Und in die Zeit der Gemeinsamkeit mit ihren liebsten Schulfreundinnen: den toten Mädchen. Mit allen Sinnen nimmt die Erzählerin den Wechsel ganz unmittelbar wahr: Sie

Inmitten ihrer Mädchenschulklasse: Netty Reiling, das Mädchen mit der Blume auf der Bluse, um 1916

sieht, sie riecht und sie hört die Veränderung. *Beim Klang meines alten Namens*, heißt es dann, packte sie, genau wie in der Schulzeit, mit beiden Fäusten ihre langen Zöpfe. Gerade über die aber wundert sie sich: *Man hatte sie also doch nicht im Krankenhaus abgeschnitten.* Denn sie habe, *als ich krank und besinnungslos lag, manchmal auf jenen alten, frühen Namen gehofft, doch der Name blieb verloren, von dem ich in Selbsttäuschung glaubte, er könnte mich wieder gesund machen, jung, lustig, bereit zu dem alten Leben mit alten Gefährten* – doch dieses Leben, so die bittere Erkenntnis, ist für immer verloren.

Ein Hohelied der Freundschaft, der Verbundenheit mit der Heimat und den Freundinnen der Jugendzeit. Die einzige wirklich autobiografische Erzählung der Schriftstellerin – eine ihrer schönsten überhaupt. Geschrieben in einer Zeit, als die Erinnerung an die Heimat, an Kindheit und Jugend in Mainz, für Anna Seghers überlebensnotwendig geworden ist. Wer erfahren will, wie sie wirklich war, woher sie kommt und was alles sie auf ihre lange Lebensreise mitgenommen hat aus der Vaterstadt Mainz, der findet die Antwort im *Ausflug der toten Mädchen*.

Ein scheinbar paradoxer Titel, denn: Tote Mädchen können keinen Ausflug machen. Aber sie können es doch, in der Erinnerung der Schriftstellerin werden sie noch einmal jung und lebendig, jene Frauen, die einst als Schulmädchen die besten Freundinnen von Netty Reiling waren. Erzählt wird von einem Dampferausflug auf dem Rhein, dem Strom, an dem Anna Seghers ihre Kindheit und Jugend verbrachte, an dessen Ufern viele ihrer literarischen Texte angesiedelt sind, etwa die frühe Erzählung *Jans muß sterben* oder der Roman *Das siebte Kreuz*. Es ist die Zeit kurz vor dem Ersten Weltkrieg, als die Welt noch heil war und es keine Rolle spielte, wer von ihnen Jüdin ist und wer nicht. Marianne, Leni und Netty, die drei unzertrennlichen Freundinnen, fühlen sich einander verbunden durch gleiche Erfahrungen, ähnliche Herkunft aus kulturell gebildeten, guten Bürgerfamilien, vor allem aber durch das starke Gefühl der Zuneigung, das jede von ihnen für die beiden anderen in sich trägt.

Ein Tag in der schönsten Jahreszeit, Mai oder Juni, die Natur steht in voller Blüte, Kastanien, Flieder und Jasmin prangen mit ihrer Blütenpracht, alles duftet – beinahe eine Idylle. Die Mädchenklasse des Gymnasiums macht auf ihrem Ausflug Rast auf der Kaffeeterrasse am Rhein. Wie drei Küken hinter der Ente, so ziehen die drei Freundinnen hinter einer der Lehrerinnen her. Der Duft von Kaffee und frisch gebackenem Kuchen durchzieht die Szenerie. Das Gesumm der jungen Stimmen tönt wie ein Bienenschwarm. Alles ist da, was den Sehnsuchtsraum der sich erinnernden Erzählerin ausmacht: die Dörfer und Hügel auf dem gegenüberliegenden Rheinufer, die sich in einem Netz von Sonnenkringeln im Fluss spiegeln, die Schulfreundinnen und die Lieblingslehrerin, Fräulein Sichel.

Und dann fährt ein niederländischer Dampfer mit einer Kette von acht Schleppkähnen mitten durch die Szene, ein solcher Dampfer, auf dem Jahre später der Flüchtling Georg Heisler seinen Häschern entkommen wird. Dieses Schiff ist zugleich eine Reminiszenz an die Vergangenheit – denn mehrere Erzählungen von Anna Seghers nehmen Bezug auf die Niederlande, und dorthin hatte sie als Mädchen Ferienreisen mit den Eltern unternommen – wie auch an die Zukunft: Erst unter der Hitler-Diktatur wird es für die Verfolgten im *Siebten Kreuz* notwendig, aus der deutschen Heimat zu fliehen. Die Niederlande symbolisieren damit die Hoffnung auf den Bestand der Menschlichkeit, des Mitgefühls mit allen, die Hilfe brauchen.

Noch aber ist Gegenwart, eine friedliche Zeit. Noch sind die jungen Männer, in die sich die Schulfreundinnen verliebt haben, nicht als Soldaten im Weltkrieg gefallen. Keines von den Mädchen kann sich vorstellen, dass in Deutschland schon bald etwas vorfallen wird, das sie einander entfremdet und sie plötzlich auf getrennten Ufern stehen lässt. Nichts, so denken sie, wird sie je entzweien können.

Leni mit den eckigen Knopfschuhen, die sie immer vom älteren Bruder auftragen musste. In der Erinnerung sieht man ihrem jungen Gesicht noch nichts an von *den grimmigen Vorfällen*, die später ihr Leben verderben werden. Vielmehr ist ihr Gesicht *glatt und blank wie ein frischer Apfel*. Schon im Roman *Das siebte Kreuz* kann man lesen, wie sehr das Bild des Apfels, der auf den Rheinauen so gut gedeiht, für die Erzählerin zum Sinnbild der Heimat geworden ist.

Marianne, das hübscheste Mädchen der Klasse, hochgewachsen und schlank, die aschblonden Zöpfe in Kringeln über den Ohren aufgesteckt. Die Erzählerin vergleicht die Züge in ihrem edel und regelmäßig geschnittenen Gesicht mit den Gesichtern steinerner Mädchenfiguren in mittelalterlichen Domen, heiter und anmutig. *Man sah ihr ebenso wenig wie einer Blume Zeichen von Herzlosigkeit an, von Verschulden oder Gewissenskälte*. Und doch wird die eine Verrat begehen an der anderen.

Am Ende des Ausfluges nähert sich der Dampfer mit einem kühnen Anlegebogen der Stadt. Das Bild der Heimatstadt schließt alles das ein, was Netty Reiling, was Anna Seghers in der Erinnerung festhalten will in der Fremde, in der sie nun seit vielen Jahren lebt. In dieser Region, in der Stadt Mainz und ihrer Umgebung mit den lieblichen Rheinauen, so sagt die Schriftstellerin einmal, empfing sie, *was Goethe den Originaleindruck nannte*. Das ist der Grund, auf dem sie im Leben steht, die kulturelle Mitgift, die sie ein Leben lang begleitet.

Als das Panorama der Stadt auftaucht, erkennt die Ich-Erzählerin *nach und nach schon vertraute Straßenzüge und Dachfirste und Kirchtürme unversehrt und vertraut, gleich längst untergegangenen Orten in Märchen und Liedern*. Es ist, aus der mexikanischen Gegenwart heraus, ein erinnerndes Wiedererkennen, wie es deutlicher und greifbarer nicht sein kann. Nur das Unversehrte darin ist ein Wunschbild, denn als Anna Seghers 1943 in Mexiko diese Erzählung beginnt, weiß sie bereits: Ihr Mainz ist von angloamerikanischen Bombern so stark zerstört, dass sie es vielleicht nicht wiedererkennen würde. Selbst der Dom liegt in Trümmern und die wunderbare Kirche St. Stephan, für deren leere Fensterhöhlen viel später der Künstler Marc Chagall die tiefblauen Kirchenfenster mit den Motiven der biblischen Geschichten entwerfen wird. Tief in ihr aber sind die unversehrten Türme und Zacken der Stadt noch da, gleich untergegangenen Orten in alten Liedern und Märchen.

Eine Stadt jedoch kann man wieder aufbauen, sei sie noch so verwüstet. Nicht aber die zerstörten menschlichen Beziehungen. *Diese gemeinsame Fahrt*, an die sie niemand erinnert hat, *als noch Zeit dazu war*, bildet das Erinnerungszentrum der Schriftstellerin, die nach dem schweren Verkehrsunfall in Mexiko-Stadt allmählich ihre Kräfte wiedererlangt. In dem Maße, in dem das Erinnerungsvermögen zurückkehrt, versichert sie sich ihrer Wurzeln, der Herkunft aus der Mitte der jüdischen Familie Reiling in Mainz. Die Erinnerung richtet sich zuerst auf Kindheit und Jugend und wird verankert im verloren geglaubten Namen der Mädchenjahre – Netty: *Mit diesem Namen hatte mich seit der Schulzeit niemand mehr gerufen.* So werden die engen freundschaftlichen Bindungen jener vergangenen Jahre zum Inbegriff des Verlusts, den sie erlitten hat. Diese Verbundenheit *aneinandergelehnter Mädchen*, die einander aus tiefstem Herzen vertrauen können, wird es nicht mehr geben. Das Bild auf dem Rheindampfer *im schrägen Nachmittagslicht* verkörpert für sie *die Heimat*. Die schöne Formulierung von der *großen Verbundenheit alles Irdischen unter der Sonne* lässt bereits den Titel ihres Nachkriegsessays aufscheinen, den sie *Glauben an Irdisches* nennen wird: Vielleicht, so legen die Gedanken dieser Szene nahe, könnte doch alles noch anders kommen, wenn nur jemand ihnen, diesen deutschen Mädchen, rechtzeitig bewusst machen würde, dass gerade sie in ihrer tiefen Verbundenheit über alles Trennende hinweg die Heimat verkörpern. Dann würde die Ideologie des Nationalsozialismus niemals solche Macht über sie und ihre Familien erlangen. Dann würde die schöne Marianne, die später einen hohen Nazi heiratet, niemals den Notschrei ihrer Freundin Leni überhören, der sie jetzt so zärtlich den Arm um die Schultern legt. Sie würde, wenn Lenis Mann wegen seines Widerstands gegen den Nationalsozialismus verhaftet wird, sie selbst ins Frauenkonzentrationslager eingeliefert wird und ihre kleine Tochter allein dasteht, nicht so jämmerlich versagen. Wäre Mariannes Liebster, der rechtschaffende Otto Fresenius, nicht im Weltkrieg von einer Granate zerrissen worden, hätte er sicherlich erreicht, dass sich in seiner Frau der Zug von *Rechtlichkeit* und *gemeinsam geachteter Menschenwürde* fest einprägt.

Aber nicht nur die liebsten Freundinnen sind verloren. Auch ihre Eltern wird sie nie mehr wiedersehen, selbst wenn sie heimkehren könnte. Als Netty nach dem Abschied von Leni und Marianne an der Dampferanlegestelle den Heimweg antritt, ist sie noch ganz sicher, dass die Mutter sie zu Hause, an der Tür zur Wohnung erwarten wird. Sie sieht sie gar schon von der kleinen, mit Geranienkästen verzierten Veranda herabwinken. Wie jung die Mutter aussah, denkt die Erzählerin plötzlich: *viel jünger als ich*. Ihr weißes Haar lässt Anna Seghers vor allem seit dem Unfall stets älter erscheinen, als sie ist. Doch plötzlich erscheint ihr die Treppe *unerreichbar hoch, unbezwingbar steil*, die Beine versagen ihr, der Abstand von der Tochter zur Mutter ist nicht mehr zu überwinden: Im Exil hat Anna Seghers die schreckliche Nachricht erreicht, die Mutter Hedwig Reiling sei in ein deutsches Konzentrationslager deportiert worden. Das war gleichbedeutend mit Tod. Nur als ganz kleines Kind habe sie manchmal eine solche Bangigkeit verspürt, irgendetwas Schlimmes könne geschehen und sie von den Eltern trennen. Der Gedanke, die Mutter würde umsonst auf sie warten, ist der Tochter ein schwerer Druck. Etwas nicht mehr Gutzumachendes hindert sie am Wiedersehen mit der Mutter. Und der Trost, der Vater würde sie ja finden, wenn er von der Arbeit nach Hause kommt, *er war ja gar nicht tot*, ist nur ein lindernder Selbstbetrug, das weiß sie selber bald genug.

Der *graublaue Nebel von Müdigkeit*, der alles einhüllt, ist ein besonderes Zeichen der Wahrnehmung: Er liegt über der Szene im Treppenflur des Elternhauses ebenso wie über jener in dem mexikanischen Dorf zu Beginn der Erzählung, wo Anna Seghers sich zur Erholung von ihrem schweren Unfall aufhält, der Dorfplatz ausgeglüht von der Sonne und flimmernd vor Hitze. Der Weg, heißt es, war so weiß, *daß er in die Innenseiten der Augenlider geritzt schien*. Der krankheitsbedingte Zustand der Erschöpfung lässt sie alles gefiltert wahrnehmen. Solch ein sonderbarer Nebelvorhang hängt zuweilen über dem Erzählen der Schriftstellerin und verleiht ihm einen unnachahmlichen, geradezu suggestiven Ton. Alles Grelle ist daraus verschwunden, alles Vordergründige tritt zurück: Anna Seghers zieht ihre Leserinnen und Leser ganz direkt und ganz persönlich in den Zauber ihrer Prosa hinein. Das Geheimnisvolle und Wunderbare leuchtet einem dann aus den scheinbar alltäglichen Verrichtungen der Figuren entgegen, man ist gefangen genommen vom Sprachgestus, von der Blickrichtung ihres Erzählens, das immer weiter vorstößt in die inneren Zusammenhänge. Und man fragt sich: Wie macht sie das nur, dass ich sie da stehen sehe vor dem Rancho in den Bergen Mexikos, erschöpft vor Überanstrengung, und nicht mehr von ihr wegschauen kann? Da steht sie, und unter der Last der Erinnerung und des Schmerzes um die Mutter schwankt ihre schmale, zerbrechlich wirkende Gestalt ein wenig hin und her.

Diese Erzählung über die Jugendfreundinnen kurz vor dem Ersten Weltkrieg wird durchlässig für die Erfahrung anderer: Je intensiver sich die Autorin ihre eigenen Erinnerungen bewusst macht, desto deutlicher kann sich eine ganze Generation darin erkennen. Dies als Zeichen großer Literatur: Sie wird, ausgehend von der ureigenen Erfahrung, zum Erkennungszeichen für viele andere. Die Schriftstellerin spricht in künstlerischer Verdichtung aus, was viele so empfunden haben mögen, ohne es aber ausdrücken zu können.

Die Dichterin Ingeborg Bachmann (1926–1973), vom selben Jahrgang wie der Sohn von Anna Seghers, hat kurz vor dem Ende ihres Lebens über eines ihrer schönsten Gedichte gesprochen, *Böhmen liegt am Meer*, und nennt es „das Gedicht meiner Heimkehr, nicht einer geographischen Heimkehr, sondern meiner geistigen Heimkehr“. In den Verszeilen heißt es: „Ich will zugrunde gehn./ Zugrund, das heißt zum Meer,/ dort find ich Böhmen wieder./ Zugrund gerichtet, wach ich ruhig auf./ Von Grund auf weiß ich jetzt,/ und ich bin unverloren“.

Jenes imaginäre „Böhmen“ im Gedicht ist eine Vision der Hoffnung der Menschen „auf das Land ihrer Verheißung“. Vielleicht haben alle Dichter solch einen liebsten Text, in dem ihre Sehnsucht und Hoffnung auf Heimat und Heimkehr sich am stärksten Ausdruck verschafft. Für Anna Seghers war es wohl die Erzählung *Der Ausflug der toten Mädchen*, mit der sie ihre Heimkehr nach Deutschland innerlich vorbereitete. Auch sie war hinuntergetrieben worden bis zum Grund. Auch sie war „unverloren“, als sie sich ihrer Verwurzelung in der deutschen Heimat versicherte.

In dieser meisterhaften Erzählung sind Licht und Dunkel ganz eng miteinander verwoben. Die beglückende Erinnerung an die liebsten Schulfreundinnen ist untrennbar von dem Wissen, was später aus ihnen wurde. Und noch schlimmer: die Ahnung vom Ende der Mutter. Nicht umsonst hat die junge Netty Reiling als Studentin der Kunstgeschichte in Heidelberg ihre Dissertation über Rembrandt geschrieben, den Licht-Dunkel-Magier. Vielleicht hat sie bei ihm gelernt, dass das eine niemals ohne das andere zu haben ist. Und dass man im Leben für alles bezahlen muss, Glück und Unglück die zwei Seiten einer Existenz sind.

Die Fertigstellung des geplanten Bandes mit dem *Ausflug der toten Mädchen* zieht sich allerdings hin. Wieland Herzfeldes kleiner Verlag kämpft mit wirtschaftlichen Schwierigkeiten. Mittlerweile arbeitet Anna Seghers weiter. Schon 1944 ist mehrfach die Rede vom Roman, der entsteht und in Deutschland in der Zeit vom Ersten bis zum Zweiten Weltkrieg spielt: *Die Toten bleiben jung*. Dabei steht ihr die Freundin Magda Stern zur Seite, die ihr mit detaillierten Auskünften über die politischen Verhältnisse in Deutschland, gerade auch über die Kämpfe während der Novemberrevolution, behilflich sein kann. Häufig übernimmt sie Schreibarbeiten für Anna Seghers und wird dies noch in Berlin nach der Rückkehr tun. Solche verlässlichen Beziehungen tun gerade in der Zeit des Exils gut.

Über den Jahreswechsel 1944/45 verbringen die Radvanyis einige Tage auf Reisen. Sie habe, erfährt Herzfelde, *in San Miguel sehr gut arbeiten können, und ich glaube, ich habe mich ein großes Stück erholt von den blödsinnigen drei Löchern, die ich im Kopp hatte.* Nun, Anfang 1945, besteht bereits große Hoffnung auf ein baldiges Kriegsende. Auch in diesem Romanprojekt, wie so oft bei Anna Seghers, ist eines der Hauptmotive das Licht auf dunklem Grund: Man muss doch, so ihr Credo seit frühen Jahren, trotz allem Schweren und Trostlosen, dem die Menschen ausgesetzt sind, *ein Lichtpünktchen* durchschimmern sehen: *Gewisse dunkle Bilder, zum Beispiel von Rembrandt, bekommen erst ihren Sinn durch solche kleinen, richtig eingesetzten Lichter.* Literatur müsse noch im ausweglosesten Dunkel irgendwo einen Hoffnungsschimmer aufscheinen lassen, und sei er noch so klein – eine Bresche in der Mauer, so nennt sie es, vergleichbar dem winzigen Durchlass, den ein Gefangener sich sucht, um eine Botschaft für andere Menschen hindurchzustecken.

Der Titel des Romans, den Anna Seghers in Mexiko beginnt, nimmt ein Motiv auf, das sie immer wieder zu literarischen Gestaltungen reizt: die Lebenden und die Toten in ihrer unzerstörbaren Gemeinschaft. In ihrem kleinen Text *Illegales legal* hat sie schon 1938 in Paris geschrieben: *Wenn die Lebenden schweigen müssen, sagt ein Sprichwort, dann sprechen die Toten.* Solche Toten habe jedes Volk, meint sie, die den Lebenden über die Schulter sehen und ihnen *das Unausdenkbare, Unaussprechliche plötzlich ins Ohr* sagen, *das Verbotene, Strafbare, Halbvergessene.* So können die Toten – hier bezieht sie es vor allem auf Schriftsteller und deren Werke – in bestimmten Zeiten den Lebenden Mahnung oder Ermutigung zusprechen. Dieses Bild wird zum Leitgedanken ihres neuen großen Zeitgeschichtsromans.

Der Blick ist jetzt nach Deutschland gerichtet.

Zum Beginn des neuen Jahres schreibt Anna Seghers am 2. Januar 1945 einen Brief an Kurt Kersten, der sie vor fast vier Jahren so poetisch auf der Insel Martinique begrüßt hat. Briefe sind für sie alle das einzige Mittel, während der Exiljahre den Kontakt untereinander nicht völlig zu verlieren. So stellt sie sich auch vor, dass ihr alter Bekannter dort auf Martinique einsam ist und auf Briefe „von draußen" wartet. *Nicht allein bei Dir, wahrscheinlich auch bei mir, spielen Briefe eine grössere Rolle als ihnen zukommt.* Das klingt ein wenig zweideutig, meint aber doch, dass ihre Isolierung im Grunde nur durch Briefe von Freunden zu durchbrechen ist – besonders die von den nächsten Angehörigen, auf die man unentwegt wartet. *Wir haben nur verteufelte Nachrichten. Meine Mutter, von der ich schon Jahre nichts hörte, wurde zuletzt in ein KZ nach Polen abtransportiert, wo sie vermutlich zu Grunde gegangen ist.* Dasselbe vermutet sie von Rodis Schwester Lili Szondi und ihrer Familie. Diesen unterdrückten Dauerschmerz um die in Deutschland verlorenen Liebsten spürt man in der Erzählung. Die Ahnung vom furchtbaren Ende ihrer Mutter bildet eine so tiefe Zäsur, dass die Schriftstellerin sich dem nur schreibend entgegenstemmen kann.

Nach dem *Ausflug der toten Mädchen* schickt Anna Seghers noch weitere Texte an Wieland Herzfelde für den geplanten Band von drei Erzählungen: *Post ins Gelobte Land* sowie *Das Ende*. Bevor der Band 1946 in deutscher Sprache im Aurora-Verlag erscheinen soll, teilt die Autorin dem Verleger mit, wie sie sich den Schutzumschlag des Buches vorstellt: Er solle drei schöne junge Mädchen abbilden mit langen Zöpfen, so wie es in ihrer Schulzeit üblich war. Den Vorschuss von 100 Dollar bittet sie ihn, in ihrem Auftrag an Dr. Karl Kraus in San Francisco zu senden, um alte Schulden aus der Pariser Zeit abzuzahlen. Bereits im November 1944 ist der *Ausflug der toten Mädchen* in spanischer Übersetzung in der Zeitschrift *Cuadernos Americanos* erschienen. Und ihre in Paris entstandene Erzählung *Sagen von Artemis* erscheint 1944 in der Literaturzeitschrift *El Hijo Pródigo*. Damit gelingt es Anna Seghers als einer von ganz wenigen der deutschsprachigen Emigranten, in der literarischen Öffentlichkeit des Gastlandes wahrgenommen zu werden.

Wenn auch zum Umgang von Anna Seghers in Mexiko-Stadt hauptsächlich die deutschen Exil-Gefährten wie die Kischs oder Lenka Reinerová gehören, erinnert sich doch die Freundin Steffie Spira daran, dass man bei den Radvanyis „– das war bei den wenigsten Genossen Emigranten der Fall – stets Genossen aus anderen Ländern treffen" konnte. Dabei besteht Laszlo Radvanyi häufig auf seiner eigenen, abgeschiedenen Arbeitsatmosphäre. Steffie Spira beschreibt, wie er sich in sein Arbeitszimmer zurückzieht und sogar die Kinder sich bei ihm anmelden müssen, wenn sie ihn sprechen möchten. Für seine Forschungen braucht er absolute Ruhe. „Aber wenn auch jeder sein Leben lebte, seine Freunde und Interessen hatte, so blieb

Laszlo Radvanyi

doch die Gemeinsamkeit unangetastet." Er erweckt stets den Eindruck eines seriösen Wissenschaftlers. Unnahbar ist er jedoch keineswegs. Immer wieder wird von Freunden auch sein Witz hervorgehoben, seine Ironie und vor allem seine vollendete Höflichkeit, auch der Hausangestellten Guadelupe gegenüber. Die Wirkung von Rodis Charme liegt nicht zuletzt an der wienerisch gefärbten Mundart, die man in seiner Jugend in Budapest gesprochen hat.

In ihrem Haus in der Avenida Industria, einfach und zweckmäßig eingerichtet, vorwiegend mit Möbeln, die vom Markt Lagunilla im Zentrum der Stadt stammen, finden sich häufig Gesprächspartner ein, die mit ihr oder Laszlo die Fragen der Zeit diskutieren wollen. Je weiter die Kriegsereignisse in Europa voranschreiten, desto dringender ihr Bedürfnis, sich auszutauschen über das, was die Zukunft von ihnen fordern wird. Die Sonntage aber verbringen die Radvanyis, einschließlich der Kinder, oft und gern bei Gisl und Egon Erwin Kisch.

In ihrem Erzählen ist die Schriftstellerin in dieser Zeit noch ganz in Europa. Noch scheint Mexiko als literarischer Stoff nicht fassbar. Gebannt blickt auch sie auf die Ereignisse auf dem alten Kontinent, dorthin, wo weiterhin der Krieg tobt. So entsteht in den Jahren 1943/44 die Erzählung *Post ins Gelobte Land*. Darin trauert Anna Seghers auf eine stille Weise um ihre toten Eltern. Sie schreibt die tief berührende Geschichte einer jüdischen Familie über mehrere Generationen, über das Exil nach Pogromen in der alten Heimat, über den alten Vater, der schließlich ins Gelobte Land, nach Palästina, auswandert, um dort in der Urheimat der Väter zu sterben.

Gewiß, den Sohn hielt im Krieg die Pflicht erst recht bei den Kranken fest. Das Glück über den Brief fiel mit dem Segen des kleinen Schattens zusammen, da ihm die Sonne sonst weh tat. Soweit man sich aus dem Gelobten Land in ein schlechtes sehnen kann, hatte er manchmal geheime, sich selbst nicht eingestandene Sehnsucht nach Kälte, die einem die Backen zerbiß, nach der vor Frost gesprungenen Erde, nach unbändigem Schneegestöber. Er labte sich, bis ein neuer Brief kam, an dem Geknister des alten, den er heimlich, statt mit dem Blick mit den Fingerspitzen genoß. Er bat manchmal seine Hausgefährten, den alten Brief zu wiederholen. Sie folgten ihm gerne, weil solche Briefe auch sie trösteten.

Der Sohn, Dr. Jacques Levi, Augenarzt in Paris, schreibt dem Vater Briefe nach Palästina. Aber er lebt schon gar nicht mehr. Er hat diese Briefe auf Vorrat geschrieben, alltägliche Berichte von seinem Leben, seiner Arbeit und seiner Familie in Paris, als er spürte, dass seine Kräfte zu Ende gehen. Eine unheilbare Krankheit fraß in ihm. Zuvor lebten sie zusammen in Paris – geflohen vor den Pogromen in ihrer ehemaligen Heimat, dem kleinen Städtchen L. im Osten Polens. Der alte Levi war schließlich, als der Faschismus sich in Europa auszubreiten begann, ins Gelobte Land seiner Väter ausgewandert, um dort seinen Lebensabend zu verbringen und in geweihter Erde begraben zu werden.

Wieder ist es ein Toter, der in einer Erzählung von Anna Seghers sich in die Begebenheiten der Lebenden mischt. Eine besondere Konstellation, denn auch den alten Vater hält nur noch das Warten auf die Briefe des Sohnes am Leben. Dessen Frau, mit dem Kind in Paris zurückgeblieben, schickt nun die Briefe nach Palästina aus dem Vermächtnis des Toten ab, *das ihr wie ein Auftrag des Lebenden vorkam*. Der Vater, so wollte es der Sohn, sollte nie erfahren, dass er vor ihm hatte sterben müssen. Denn, wie es oft der Fall ist: Der Sohn, der aus ärmsten Verhältnissen der Flüchtlingsexistenz zu einem angesehenen, ja berühmten Arzt geworden war, ist der ganze Stolz des alten Mannes. In ihm nur lebt er weiter, auf ihm ruhen alle seine Hoffnungen.

Auch in dieser Geschichte spitzt sich die Tragik weiter zu: Als der alte Levi im Gelobten Land erblindet, seine Augen versagen, ist der Sohn nicht bei ihm. Der kann gerade dem Menschen, den er am meisten liebt, nicht helfen – wo er doch als großer Augenarzt so viele andere geheilt hat. So war es schon dem ehemaligen Bischof Jehan d'Aigremont ergangen, der als Heiler galt; aber seiner Geliebten, der schwarzen Catharina, konnte er nicht helfen.

Der Vater schreibt Antwortbriefe nach Paris; später, als seine Augen es nicht mehr zulassen, muss er sie den Mitbewohnern diktieren. Die Witwe des Sohnes aber versteht diese Briefe an den Toten, *als sei durch diesen Briefwechsel der Tod selbst überlistet*. Sie bedeuten für sie die letzte Verbindung ihres Geliebten mit dem Leben. Noch dann, als sie selbst mit dem Kind aus Paris flüchten muss, um den heranziehenden Nazis zu entkommen, und nach Süden gelangt, in den unbesetzten Teil Frankreichs, nach Toulouse und in die Dörfer an der Rhônemündung, macht sie sich die gewissenhafte Absendung zur Pflicht. Sie ahnt, welchen Trost diese Post ins Gelobte Land dem Vater bringen wird.

Als der selber noch jung war, am Ende des 19. Jahrhunderts, hatte in seinem Heimatstädtchen L. ein furchtbares Pogrom gewütet. Kosaken hatten die jüdische Bevölkerung niedergemacht, und Nathan Levis junge Frau starb an den Folgen einer Frühgeburt, nachdem sie in einem Kellerversteck die Ermordung ihrer eigenen Brüder mit ansehen musste. Er blieb allein zurück mit den Schwiegereltern und mit seinem kleinen Sohn Jakob, der dann später in Paris Jacques heißen würde. Von nun an sind sie auf der Flucht, zuerst nach Wien zu einer dort verheirateten Schwester der Frau, dann weiter nach Kattowitz. Und schließlich, als sie auch dort nicht bleiben konnten, führt der Weg der Emigration Vater und Sohn Levi nach Paris. Dort lebt bereits der Kürschner Salomon Levi, ein älterer Bruder Nathans, der ihnen hilft, selber in der Fremde Fuß zu fassen. So erzählt die Geschichte neben der Vater-Sohn-Beziehung die ganze Saga einer jüdischen Familie über mehrere Generationen hinweg. Es sind die sogenannten Ostjuden, die vornehmlich aus Galizien durch immer wiederkehrende Pogrome vertrieben wurden und oft in Westeuropa Zuflucht fanden, viele von ihnen in Paris.

In einem Altersheim in Jerusalem stirbt dann der alte Nathan Levi, und auch nach seinem Tod kommen noch Briefe aus Europa an, denn der Sohn hatte in seiner Sorge um den Vater genügend hinterlassen. Und diese Briefe klingen viel leichter und heiterer, als die Gespräche der Lebenden je gewesen waren. In einem von ihnen schreibt Jacques von dem Unverständnis des kleinen Sohnes, dass sein Großvater so weit fort sei. Und dann folgt ein Bekenntnis, das für Anna Seghers und ihr Verhältnis zu Leben und Tod ganz charakteristisch ist: *Ich denke manchmal, wie schlau die Kinder sind, daß sie den Tod nicht wahrhaben wollen. Sie halten das Sterben für einen von den sonderbaren Einfällen, die wir Erwachsenen manchmal haben.* In den Werken dieser Schriftstellerin sind die Lebenden und die Toten nicht an verschiedene Ufer verbannt. Sie existieren in der einen, einzigen Welt, die Leben und Tod umfasst, und die Toten bleiben auch den Lebenden erreichbar. Das ist eine Grundüberzeugung, die sich seit dem Frühwerk – so in der geheimnisvollen Geschichte von den *Toten auf der Insel Djal* – in Anna Seghers' Erzählen niederschlägt.

Und ein wenig steckt auch das Erleben der Autorin selbst in dieser Geschichte von den Briefen ins Gelobte Land. Sie wusste nun, dass sie ihren Eltern nicht mehr hatte helfen können, dass sie auch die Mutter nie mehr wiedersehen würde. Und sie spürte in sich die Dankbarkeit dem Exilland Frankreich gegenüber, in dem sie ihre eigenen Kinder hatte in Sicherheit bringen können. Wenn der Arzt Jacques Levi und seine Frau sich freuten, dass ihr Sohn in dem Land aufwachsen konnte, in dem sie selber als Flüchtlinge erst Wurzeln hatten schlagen müssen, so drückt das ebenso die Erleichterung von Anna Seghers aus, die ihre Kinder Peter und Ruth in Paris in gute Obhut geben konnte – so lange immerhin, bis die deutsche Wehrmacht auch Frankreich überfiel. Und die Erzählung *Post ins Gelobte Land* kann man tatsächlich als imaginäre Briefe der Tochter Netty Reiling an ihre verlorenen Eltern lesen, in denen sie ihnen Liebe und Dank nachträgt für alles, was Vater und Mutter für sie getan haben.

Die Sehnsucht, die der alte Nathan Levi empfindet, als er in dem sonnigen, warmen Heiligen Land sitzt, scheinbar sorgenfrei, aber doch abgetrennt von den Wurzeln seiner Herkunft, kann man sich auch für die Emigranten in Mexiko gut vorstellen. Die Erinnerung an kalte Winter mit Schneegestöber, an rotgefrorene Gesichter und die Bräuche dieser Jahreszeit wird plötzlich zum Wunschbild der Heimat. Im immerwährenden Sommer, wenn man schon für den Segen eines kleinen Schattens dankbar ist, erscheint einem Vertriebenen der kalte Norden auf einmal erstrebenswert, und es kann durchaus sein, dass man sich in der Hitze des südlichen Aufenthalts nach den vor Kälte erstarrten Fingern seiner Kindheitswinter zurücksehnt.

So sehnt sich auch die junge Witwe von Jacques Levi nach der Heimat zurück, dem Dorf in Polen, wo auch sie als Kind gelebt hatte, bis bei einem Pogrom ihre Mutter erschlagen wurde. Jetzt im Krieg, seit Polen von den Deutschen verbrannt und verwüstet wird, merkt sie erst, wie sehr sie an der alten Heimat hängt, und die schlimmen

Erinnerungen an das Böse, das man ihnen angetan hatte, werden überlagert vom Bild einer Bauersfrau, die der Kleinen damals einen Apfel geschenkt hat. *Der dicke Rock der Bäuerin, in den sie sich einmal hatte ausweinen können, verdeckte damals und heute das Schlechte.*

Immer wieder während ihres Exils gelingen Anna Seghers in ihrer Prosa wundersame Erinnerungsbilder an die verlorene Heimat, die wiederzufinden nach Kriegsende die *einzige Unternehmung* wurde, die sie *antrieb*. Die Geschichte *Post ins Gelobte Land* liegt ihr besonders am Herzen, sie wird ebenfalls in den bei Wieland Herzfelde verlegten Erzählungsband aufgenommen. Als das Buch 1946 in New York erscheint, schreibt Max Schröder in einer Besprechung in der von ihm geleiteten Zeitschrift *German-American* über den *Ausflug der toten Mädchen* von seinem überwältigenden Eindruck, „dass die Dichterin über einen Sinn verfügt, der ihr erlaubt, über Berge und Meere hinweg an Vorgängen in der Heimat teilzunehmen“. Schröder, kommunistischer Journalist, Emigrant in den USA und nach der Rückkehr 1947 Cheflektor im Aufbau-Verlag Berlin, auch ihr Lektor, betont damit die besondere Intensität, mit der Anna Seghers vom Exil aus an die Verhältnisse in Deutschland denkt und sich innerlich auf die Heimkehr vorbereitet. Sie ist mit Herz und Sinnen bereits dort.

Faszination Mexiko

Vielleicht ist es gerade die Widersprüchlichkeit der mexikanischen Wirklichkeit, die die Emigranten so unwiderstehlich anzieht. Mexiko hält krasse Gegensätze bereit. *Ökonomisch gesehen ist es halb-kolonial*, wird Anna Seghers das Land später beschreiben. Sie denkt an *die vollgestopften Waggons in Mexiko, an die zahllosen Menschen mit Bündeln und Kindern*. Die einfache Landbevölkerung ist oft arm, doch die Menschen haben *Hunger und Leid mit jahrhundertelangem Stolz ertragen*. Das vor allem beeindruckt sie: der unerschütterliche Stolz der Menschen. Deren Mentalität erscheint ihr ganz anders als die, die sie aus Europa kennt. Einmal, das ahnt sie, wird sie darüber schreiben müssen.

Und natürlich ist Mexiko ein sehr schönes Land mit einer großen Vielfalt an Landschaften: unterschiedliche Klimazonen vom tropischen Regenwald, den Vulkanen bis zu den Küstenstreifen am Atlantik und am Pazifik, die besondere geografische Lage zwischen zwei Ozeanen. *Urwald* und *Mondgebirgslandschaften*, all das hat sie gesehen. Ein Land voller Kontraste. Und es ist ein Land der Lebensfreude. Das südliche Temperament der Mexikaner, die gerne singen und tanzen, wirkt ansteckend. Selbst zum Tod haben sie ein ganz anderes Verhältnis als die Europäer: Zum Totengedenken an Allerseelen, Día de los Muertos, versammeln sich ganze Familien auf den Friedhöfen und bringen das traditionelle „Totenbrot“, frisch gebackene Hefezöpfe, zu den Gräbern. Unverzichtbar gehören dazu Süßigkeiten, etwa kleine Totenköpfe aus Zuckerguss und andere Leckereien, die die Kinder dann essen dürfen. So gibt es dort regelrechte Picknicks, und man feiert das Andenken seiner Lieben. Nicht das Schwarz wie bei Trauerfeiern in Europa überwiegt dabei, sondern bunte Gewänder und grelle Farben.

In der Zeit ihres Aufenthalts in Mexiko können sie sogar die Geburt eines neuen Vulkans miterleben. Im Februar 1943 bricht in der Nähe der Kleinstadt Uruapán im Westen des Landes plötzlich die Erde auf, als ein Bauer gerade mit seinem Esel das Feld pflügt. Glühende Gesteinsbrocken und Massen von Asche werden mit lautem Getöse in die Luft geschleudert. Das nächstgelegene Dorf wird vollkommen von Lava verschüttet. Der neu entstandene Vulkan erhält den Namen Paricutín, Presse und Rundfunk berichten groß darüber. Und schon wenige Monate später setzt ein Strom von Besuchern aus dem ganzen Land ein, die den neuen Vulkan besichtigen wollen. Besonders bei Dunkelheit bietet die noch immer ausströmende Lava ein faszinierendes, rotglühendes Höllenbild.

Anna Seghers kann, so bald nach ihrem folgenschweren Unfall, an eine solche Reise gar nicht denken. Doch ihr Sohn Pierre gehört zu denen, die sich unwiderstehlich angezogen fühlen von dem Naturschauspiel, ebenso Jeanne Stern und Egon Erwin Kisch, der über das Erlebnis seiner abenteuerlichen Tour zum Paricutín eine seiner Reportagen für den Band *Entdeckungen in Mexiko* schreibt: „Zum Geburtstag des feuerspeiendes Berges". Denn im Februar 1944, ein Jahr nach dem ersten Ausbruch, fährt Kisch erneut dorthin, und so heißt es über das „vulkanische Kind": „Freilich, vor einem Jahr, im ohrenbetäubenden Donnern und Toben, hätte kein Beschauer den Vergleich ziehen können mit irgendeiner noch so unmenschlich menschlichen Handlung." Für alle, die es sehen, ist es ein einzigartiges Erlebnis.

Überhaupt macht Kisch seinem Namen als rasender Reporter alle Ehre, wenn er durchs Land fährt für sein Buch *Entdeckungen in Mexiko*. Eines Tages reist er über Mérida, die Hauptstadt Yucatáns, auf diese östliche Halbinsel in der Karibik, um die riesigen, eindrucksvollen Mayapyramiden der Ausgrabungsstätte von Chichén Itzá zu besuchen. Er beschreibt sie in seinen Reportagen minutiös, ihren Aufbau, ihre Funktion, auch die Cenotes, kreisrunde Karstteiche, die die Wasserversorgung der Mayastadt im Urwald sicherstellten. So sieht er das alles gewissermaßen für die Augen seiner Freundin Anna mit, die solche Anstrengungen einer langen Fahrt durch heiße tropische Landschaften keinesfalls bewältigen könnte. War ihr früher kein Ziel zu weit, muss sie sich jetzt gezwungenermaßen davon erzählen lassen, was andere erleben.

Als Anna Seghers gesundheitlich halbwegs wiederhergestellt ist, nimmt ihr Interesse am Land erneut spürbar zu. Ihrem Freund, dem Wirtschaftswissenschaftler Jürgen Kuczynski, der zu der Zeit in London im Exil lebt, schreibt sie Ende Dezember 1944, sie sei froh, durch die Emigration in die Lage gekommen zu sein, eine Welt zu sehen, *von der ich vorher keine Ahnung hatte*. Und sie würde sehr gern *einmal hier in normaleren Zeiten herumfahren*, um sich die verschiedenen Länder und Inseln der Region *um ihrer selbst willen anzusehen*. Das deutet bereits darauf hin, dass Mexiko und die Karibischen Inseln irgendwann doch zu einem literarischen Raum der Schriftstellerin werden sollten. Gereist ist sie seit ihrer Jugend immer voller Begeisterung, früher mit den Eltern von Mainz aus nach Holland, dann mit Rodi, zum Beispiel nach Skandinavien. Und jetzt entdeckt sie die Schönheit der tropischen Landschaften. Doch diese ihre erste Reise über den Atlantik war eine erzwungene unter Lebensgefahr, keine, in der man Herz und Sinne frei hatte für die Schönheiten der Welt. Deshalb der Wunsch, in friedlichen Zeiten einmal hierher zu fahren.

Die Hauptstadt selber aber bietet ebenfalls eine große Zahl reizvoller Orte, die die Kultur vieler Jahrhunderte erlebbar machen. Im Stadtteil Xochimilco verheißen die Schwimmenden Gärten ein außergewöhnliches Erlebnis, das die Einwohner von Mexiko-Stadt ebenso lieben wie die Besucher. Ganze Familien ziehen sonntags dorthin, um Erholung bei einer Bootsfahrt zu suchen. Auch die Familie Radvanyi, kann man sich vorstellen, wird sich dieses Vergnügen gegönnt haben. Ursprünglich war das Gebiet am Südufer des Texcoco-Sees seit dem 14. Jahrhundert eine landwirtschaftliche Nutzfläche: Die Azteken mussten hunderttausende Einwohner ihrer immer weiter wachsenden Hauptstadt Tenochtitlán versorgen. So kamen sie auf die Idee, in ausladenden Flößen aus Schilfrohrkörben Obst und Gemüse anzubauen. Die Wurzeln des Schilfrohrs verankerten sich auf dem Boden. Der fruchtbare Schlamm des Sees ermöglichte mehrere Ernten im Jahr. Im Laufe der Zeit haben die Mexikaner quer durch die schwimmenden Gärten, die jardines flotantes, ein Labyrinth von Kanälen gezogen, durch das nun die bunten, blumengeschmückten Ausflugsboote gemächlich fahren können.

Eine besondere Attraktion für Europäer sind die Mariachi-Kapellen, die dazu von flachen Booten aus ihre traditionelle Musik ertönen lassen – wie immer in Mexiko sehr lautstark und fröhlich. Solche Kapellen, bestehend aus Musikern mit Akkordeon, Gitarren, Trompeten, Geigen und Marimba, sind im ganzen Land beliebt und spielen zu Volksfesten und nationalen Feiertagen auf, wobei der Begriff Mariachi auf das französische Wort mariage (Hochzeit) zurückgeht. Ursprünglich bestellten mexikanische Familien diese Musiker in den schwarzen, mit Silberknöpfen beschlagenen Anzügen vor allem zur festlichen Ausschmückung von Hochzeitsfesten. Unverzichtbar ist der Sänger der Gruppe, der dazu schmelzende Lieder von Liebe und Sehnsucht, Glück und Leid singt.

Einer der schönsten Parks von Mexiko-Stadt ist die Alameda. Hier erholen sich die Hauptstädter sonntags unter wunderbaren, Schatten spendenden Bäumen. Auch die Emigranten freuen sich daran und treffen dort ihre Verabredungen. Zierliche Pavillons und schmiedeeiserne Bänke laden zum Verweilen ein. Springbrunnen sorgen auch in der Mittagshitze für angenehme Kühle. Und auf Schritt und Tritt stößt man auf Standbilder bedeutender Persönlichkeiten aus der Geschichte des Landes. Die Bougainvilleen mit ihren überschäumenden Blütenständen leuchten im Rausch einer Farbpalette von roten und violetten Tönen. Ebenso die riesigen Hibiskussträucher oder die Pfefferbäume. Solche Nachmittage im Alameda-Park liebt auch Anna Seghers. Sie sind voller Entspannung und zugleich wie ein Eintauchen ins echte mexikanische Leben.

Bodo Uhse schreibt eine seiner späten Novellen, mit der er sich zu Hause im grauen Nachkriegsdeutschland ein bisschen wehmütig der Zeit in Mexiko erinnert: *Sonntagsträumerei in der Alameda*. Es ist eine desillusionierte Abrechnung mit den realen Nachwirkungen der Revolution von 1910, die, wie überall auf der Welt, Korruption und letztlich Verrat an den ursprünglichen Zielen mit sich gebracht hat. Unter dem neuen konservativen Präsidenten Miguel Alemán wurden zwischen 1946 und 1952 viele demokratische Errungenschaften seiner Vorgänger Cárdenas und Ávila Camacho zurückgenommen. Konkret bezieht sich der Titel hier allerdings auf ein Wandbild von Diego Rivera, das der Künstler 1947/48 als Auftragswerk für das mondäne Hotel „Del Prado“ malt. Geplant war, die Geschichte Mexikos einst und jetzt darzustellen. Die zahlungskräftigen künftigen Hotelgäste besonders aus den USA sollen mit dem Werk des berühmtesten mexikanischen Malers im Speisesaal des Hotels unterhalten werden.

Was jedoch der Auftraggeber nicht ahnt, als er die Eröffnung des Hotels mit einer Einladung an den Erzbischof von Mexiko krönen will, der das Hotel weihen soll, ist Diego Riveras List, inmitten eines historischen Panoptikums von der spanischen Eroberung bis zu den Revolutionskämpfen das Bekenntnis „Dios no existe“ (Es gibt keinen Gott) einzufügen. Ein Schriftstück mit diesen Worten lässt er den Philosophen Ignacio Ramirez deutlich sichtbar in Händen halten. Der geplante Coup platzt, als der Erzbischof im letzten Augenblick diese Inschrift erkennt und unter Protest das Hotel verlässt, ohne es geweiht zu haben. Bodo Uhse charakterisiert in dieser Erzählung in prononcierter Weise sehr schön die künstlerische Eigenart Diego Riveras: „Denn er malte, wie er sprach, klug, voller Witz und Leidenschaft und ohne ein Ende zu kennen. Da schloss sich eine heitere Anekdote an eine lehrhafte Sentenz, und grimmige Satire folgte einem lyrischen Hymnus.“ So hat ihn auch Anna Seghers geliebt.

Am beeindruckendsten aber ist der Zócalo, der riesige Platz im Zentrum von Mexiko-Stadt, in seinen Ausmaßen einer der größten der Welt. Er heißt offiziell Plaza

Einholen der mexikanischen Flagge auf dem Zócalo

de la Constitución, Platz der Verfassung. Mit seinem überdimensionalen Fahnenmast in der Mitte ist er auch das Symbol der mexikanischen Identität, das Herz der Stadt. Dieser Fahnenmast mit der riesigen Staatsflagge, die abends von Soldaten eingeholt und eingerollt wird – ein großes Spektakel, auf das die Mexikaner stolz sind. Am feierlichsten wird diese Tradition jeweils am 16. September zelebriert, Mexikos Nationalfeiertag, dem Beginn des Unabhängigkeitskampfes gegen die spanische Kolonialmacht 1810. Dann gibt es jedes Jahr ein großes Feuerwerk.

Rings um den Zócalo stehen die wichtigsten Bauwerke, darunter die große Kathedrale. Sie wurde auf Befehl des spanischen Königs Philipp II. anstelle der ersten Kathedrale der Eroberer gebaut, viel größer und imposanter als zuvor, denn sie sollte als Bollwerk des Christentums den Einheimischen Respekt für die machtvolle Religion der Spanier einflößen. So ist die Kathedrale an der westlichen Schmalseite des Zócalo die wahrscheinlich größte Kirche Lateinamerikas geworden, mit einer eindrucksvollen Fassade aus Basalt und Sandstein im barocken Stil. Auch im Inneren ist sie besonders kostbar ausgestattet, mit ihrem kunstvollen Chorgestühl und dem prunkvollen, vergoldeten Altar de los Reyes, Altar der Könige.

Zwischen Zócalo und Parque de la Alameda trifft man auf eine Sehenswürdigkeit nach der anderen. Da ist vor allem das Theater Palacio de Bellas Artes, ein repräsentativer Bau im Jugendstil. Auch darin haben sich die großen Maler Mexikos, José Clemente Orozco, David Alfaro Siqueiros und Diego Rivera mit ihren Murales für immer ins kulturelle Gedächtnis ihrer Landsleute eingetragen. Hier findet die „Kundgebung für die freie deutsche Literatur statt", auf der die Gründung des Verlages El Libro Libre gefeiert wird. Zu den Mitwirkenden gehört neben Pablo Neruda, Ludwig Renn und Bruno Frei auch Anna Seghers.

Ein Anziehungspunkt ist seit eh und je die Casa de los Azulejos, ein Palast, der 1596 für die Grafen von Orizaba im maurischen Stil erbaut wurde. Schon seit 1903 dient er als Restaurant und Caféhaus. Fantastisch schöne Talavera-Kacheln aus der Stadt Puebla laden ein in eine Märchenwelt. 1925 hat der einarmige Wandmaler José Clemente Orozco das Treppenhaus mit seinen berühmten Fresken ausgemalt.

Die Verbindung von präkolumbianischen Ruinen, kolonialer Architektur und Bauwerken der architektonischen Moderne seit den 1920er-Jahren machen das Erscheinungsbild von Mexiko-Stadt zu etwas ganz Ungewöhnlichem. Nicht von ungefähr heißt einer der vielbesuchten Plätze der Hauptstadt Plaza de las Tres Culturas (Platz der drei Kulturen), der eine Einheit dieser drei Epochen darstellt: Reste alter aztekischer Tempelanlagen, die katholische Kirche Santiago de Tlatelolco aus dem frühen 17. Jahrhundert und eben die neue futuristische Architektur. Ciudad de México ist zu Beginn der 1940er-Jahre eine moderne Großstadt mit Hochhäusern, prachtvollen Avenidas und vielen neuen Wohnvierteln. Die Einwohnerzahl beträgt bereits 1940 mehr als 1 600 000. Die Schönheit der Stadt lebt aber vor allem auch von den zahlreichen Gebäuden im Art-Deco-Stil.

Zu den am meisten besuchten Kirchen Mexikos zählt die Basílica de Guadalupe, nordwestlich des Zentrums gelegen. Die Muttergottes in Gestalt eines braunhäutigen Indiomädchens, so die Legende, sei an einem Dezembertag des Jahres 1531 dem frisch getauften Indigenen Juan Diego, einem Lastenträger, auf dem Hügel El Tepeyac erschienen, wo man zuvor eine aztekische Göttin verehrt hatte. Sie habe ihn aufgefordert, dafür Sorge zu tragen, dass ihr an diesem Ort eine Kapelle errichtet werde. Seitdem hat sich überall im Land die Verehrung der Nationalheiligen Guadalupe verbreitet. Man kann darin praktisch die Vereinigung von katholischem Madonnenkult und der eigenen mexikanischen, indigenen Heiligen sehen. Im Volk wird sie liebevoll La Morena genannt: die Braune. So verkörpert die Heilige Jungfrau von Guadalupe, selbst für die Atheisten im Lande, das Sinnbild der nationalen

Einheit Mexikos. Überall im Land werden Medaillons und andere Glücksbringer mit ihrem Abbild verkauft.

Eine wunderschöne, ausgedehnte Grünanlage in der Hauptstadt ist der Bosque de Chapultepec, ein ungefähr vier Quadratkilometer großer bewaldeter Park. Dahin ziehen die Mexikaner mit Vorliebe an den Wochenenden und Festtagen, um Erholung zu suchen. Schon die spanischen Vizekönige ließen sich 1785 hier ihre Residenz erbauen, das Castillo de Chapultepec. Auch dem von Napoleon III. in den Interventionskriegen als „Kaiser von Mexiko" eingesetzten Habsburger Maximilian diente das Schloss drei Jahre lang als luxuriöse Residenz, bis er 1867 erschossen wurde. Er ließ 1864 eine breite Prachtstraße anlegen, die den Hügel von Chapultepec direkt mit dem Stadtzentrum verbindet: den Paseo de la Reforma. Der im Land hochverehrte erste Präsident indianischer Abstammung, Benito Juárez, war es, der der Marionettenregierung Maximilians ein Ende setzte und versuchte, die nationale und zugleich die soziale Befreiung des mexikanischen Volkes zu vollziehen. *Er machte Schluss mit der Landgier und mit der Korruption der in- und ausländischen Agenten und Grundbesitzer*, wird Anna Seghers in einem Aufsatz über ihn schreiben: *Die Indios bekamen endlich ihr Land.* In seiner Sammlung *Entdeckungen in Mexiko* erzählt Egon Erwin Kisch die verblüffende Geschichte *Maximilian von Habsburg und Karl Marx*: Der abgesetzte Kaiser Maximilian liest in seiner Kerkerzelle im Kloster von Querétaro ein Konvolut von Presseartikeln aus Wien. Die öffnen ihm die Augen über die obskuren Hintergründe, wie es dazu gekommen war, dass er als Kaiser lanciert und dann fallengelassen wurde. Er begreift schließlich, wessen finanziellen Interessen er in

Wahrheit zum Opfer fiel: „Man würde glauben, dass der Verfasser dieser Artikel ein internationaler Finanzmann ist. Aber er soll ein Sozialist sein, ich glaub das nicht. Karl Marx heißt er; solche Ratgeber hätte ich gebraucht. Nun ist es zu spät.“

Als Zeichen für die überwundene koloniale Vergangenheit steht weithin sichtbar das Unabhängigkeitsdenkmal auf einem riesigen Kreisverkehr mitten auf dem Paseo de la Reforma: der vergoldete Siegesengel auf hoher schlanker Säule, *El Ángel de la Independencia*, 1910 anlässlich der Feierlichkeiten zum 100. Jahrestag der mexikanischen Unabhängigkeit zum Wahrzeichen bestimmt. Bei den wiederkehrenden Erdbeben, die Mexiko-Stadt erschütterten, jedoch mehr als einmal herabgestürzt: der gefallene Engel, auch dies ein vieldeutiges Zeichen der stürmischen Geschichte des Landes.

Mexikos eindrucksvolle Vulkane sind Höhepunkte der Landschaft, weithin sichtbar aus vielen Perspektiven. Wenn ihre schneebedeckten Gipfel vor einem hohen, tiefblauen Himmel leuchten, kann sich niemand der Faszination entziehen. Gertrude Duby, die Freundin, die die Familie Radvanyi im Juni 1941 am Hafen von Veracruz abgeholt hat, ist besessen von den Landschaften, aber mehr noch von der Kultur der indigenen Völker, die seit alters her hier leben. Als Reporterin und Fotografin hat sie sich eine Existenz aufgebaut, berichtet über vieles, was noch nicht im Interesse der Öffentlichkeit steht: Im Februar 1943 hat sie die Möglichkeit, an einer Expedition des Bundesstaates Chiapas in das Urwaldgebiet der Selva Lacandona teilzunehmen. Sie ist fasziniert von der Existenz und der ursprünglichen Kultur des Volksstammes der Lacandonen. Fortan wird die Erforschung ihrer

Lebensweise in Mexiko und Guatemala zu einem Fixpunkt in Gertrudes Berufsleben, später zusammen mit ihrem zweiten Ehemann, dem dänischen Anthropologen Frans Blom.

Um ihren Lebensunterhalt zu verdienen, organisiert Gertrude Duby geführte Touren ins Land und auf die Vulkane. Pierre Radvanyi gehört zu den jungen Leuten, die sich Gertrude begeistert anschließen. Auf der von ihr geleiteten Besteigung des Popocatépetl, Mexikos berühmtesten Vulkan und mit 5452 Metern zweithöchstem Berg des Landes, lässt er sich gefangen nehmen von den ungeheuren Ausblicken, der Gewalt und Schönheit des Hochlandes. Für Anna Seghers wäre eine solche Tour freilich viel zu beschwerlich. Dafür reichen ihre Kräfte nicht aus. Seit dem Unfall klagt sie immer wieder über anhaltende Müdigkeit. Aber Pierre, ein kräftiger junger Mann, erzählt der Familie voller Emphase von der Besteigung des Popocatépetl. Mit seinem Zwillingsvulkan Iztacíhuatl, der „Schlafenden Frau", bildet er ein wunderbares Bergpanorama, das bei klarem Wetter bis in die Hauptstadt sichtbar ist.

Gertrude Duby, 1901 in einer Pfarrersfamilie im Berner Oberland geboren, wird zu denjenigen unter den ehemaligen Emigranten gehören, die nach dem Ende des Zweiten Weltkrieges in Mexiko bleiben. Das Land ist ihr tatsächlich zur Heimat geworden. Hier fühlt sie sich gebraucht. All ihre Energie widmet sie der Erforschung der Lacandonen im Urwald von Chiapas. 1950 kaufen sie und Frans Blom ein Haus in San Cristóbal de las Casas, der früheren Hauptstadt von Chiapas. Bald macht sie sich als Anthropologin und Fotografin auch international einen Namen, erringt Anerkennung für ihren selbstlosen Einsatz für die Rechte der indigenen Völker. Mit ihren Fotografien, entstanden auf zahlreichen ausgedehnten Expeditionen in den Regenwald, dokumentiert sie die Lebensweise dieser Völker, um sie vor dem Verschwinden zu bewahren. Im Juni 1991 wird sie in Stockholm von den Vereinten Nationen im Rahmen des United Nations Environment Programme (UNEP) für ihr Engagement um den Regenwald in die Reihen der „Global 500" aufgenommen. Sie stirbt 1993 in ihrem Haus in San Cristóbal de las Casas.

Zur Verbundenheit mit Mexiko trägt für Anna Seghers von Anfang an das Wiedersehen mit Pablo Neruda bei. Seine Begeisterung für Mexikos Landschaften ebenso wie für dessen große revolutionäre Geschichte überträgt sich auf die Freundin und viele, die die Dichtung des großen chilenischen Lyrikers lieben.

In der Gedichtsammlung *Canto General* (*Der Große Gesang*) besingt Pablo Neruda das Land Mexiko, das ihm wie eine zweite Heimat lieb geworden ist. Seit 1940 hält er sich als Generalkonsul Chiles hier auf. Sein Haus, die Villa Rosa María, steht gastfreundlich vielen Gefährten offen. Häufig treffen sich hier Künstler und Intellektuelle aus Lateinamerika und Europa, die Neruda freundschaftlich verbunden sind. In diesen geselligen Runden verkehren auch Anna Seghers und Egon Erwin Kisch ebenso wie der noch junge mexikanische Schriftsteller Octavio Paz, der später wie Neruda den Nobelpreis für Literatur erhalten wird. Mexiko-Stadt ist in jenen Jahren eine kosmopolitische Metropole vor allem durch die vielen aus Spanien emigrierten Intellektuellen. Die Begegnungen, die Anna Seghers in dieser Zeit hat, werden ein Leben lang nachwirken.

Einer der aus Spanien stammenden Emigranten ist der katalanische Schriftsteller Joan Sales (1912–1983), der 1942 in Mexiko Asyl findet. Er hat im Spanischen Bürgerkrieg gegen die Franco-Truppen gekämpft und musste, wie so viele nach der Niederlage der Republik, zuerst nach Frankreich fliehen, von dort aus, als die Lage in den Internierungslagern immer hoffnungsloser wurde, 1942 weiter nach Mexiko. Sales gehörte zu den Tausenden, denen Generalkonsul Gilberto Bosques geholfen und damit das Leben gerettet hat. In seinem Roman *Flüchtiger Glanz* schildert er später die ereignisreichen Jahre der Republik und des Bürgerkriegs schonungslos und packend anhand der Schicksale eines Freundeskreises aus Barcelona. Die zentralen Szenen des Romans kulminieren in der Schlacht von Teruel, in der 1938 das gesamte katalanische Bataillon aufgerieben wird. Bitter enttäuscht vom Ausgang des Bürgerkriegs resümiert ein alter Lehrer und Herausgeber einer anarchistischen Zeitschrift in Katalonien: „Sie waren so schön, unsere Ideale, damals, als noch niemand versucht hatte, sie zu verwirklichen!"

Es sind gerade jene Wochen, in denen auch der Roman *Das siebte Kreuz* von Anna Seghers spielt, jene sieben Tage der Romanhandlung um die Flucht des KZ-Häftlings Georg Heisler, über die es heißt, damals, als *in Spanien um Teruel gekämpft wurde*. An jenem Tag, als bekannt wird, dass Heisler als Einziger davongekommen ist und abends zum ersten Mal ein kleines Feuer in der eisigen Baracke angezündet wird, um das sich die Häftlinge versammeln, sagt der Jüngste unter ihnen: *Wo mag er jetzt sein?* Damit ist der Bogen gespannt zu all den anderen Gefährten dieser grausamen Zeit, die es nicht geschafft haben, und nicht zuletzt zu den republikanischen Kämpfern im fernen Spanien, zu denen ihre Gedanken gehen. Im Roman von Anna Seghers sind die letzten Sätze allerdings weniger bitter, da leuchtet jenes Fünkchen Hoffnung durch die Zeilen, auf das die Autorin immer bedacht ist: *Wir fühlten alle, wie tief und furchtbar die äußeren Mächte in den Menschen hineingreifen können, bis in sein Innerstes, aber wir fühlten auch, daß es im Innersten etwas gab, was unangreifbar war und unverletzbar.*

Als 1943 seine Amtszeit als Generalkonsul Chiles in Mexiko endet, wird Pablo Neruda im Sportstadion Frontón México wie ein Volksheld verabschiedet. Er versichert den Freunden, er liebe das Land wie sein eigenes. Später wird er das Gedicht *In den Mauern Mexikos* schreiben, ein Hohelied auf dieses Land, in dem Präsident Cárdenas während des Spanischen Bürgerkriegs den Rettungsschirm weit aufspannte für verfolgte und höchst gefährdete Republikaner. Mit dem ihm eigenen Pathos nennt Neruda ihn „General, Präsident von Amerika, in diesem Gesang/ hinterlass ich dir/ etwas vom Glanz, den ich in Spanien in mir aufnahm".

Ein zweites Mal wird Pablo Neruda selber als Flüchtling nach Mexiko kommen: 1945 kandidiert er für die Kommunistische Partei Chiles und wird als Senator gewählt. Er greift die konservative Regierung von Gabriel González Videla an, die im beginnenden Kalten Krieg antisozialistische Positionen vertritt. In einer scharfen Anklagerede wirft er dem Präsidenten öffentlich vor: „Sie haben das Volk, durch dessen Stimme Sie Präsident geworden sind, belogen und betrogen. Statt die Armut zu bekämpfen, wie Sie es versprochen haben, festigen Sie nur die Macht der wenigen Reichen, die das Volk aussaugen wie Vampire." Damit hat er sich den Präsidenten zum persönlichen Feind gemacht. Die Regierung erlässt daraufhin ein Gesetz, mit dem die parlamentarische Immunität politischer Gegner aufgehoben wird. Zudem wird die Kommunistische Partei Chiles verboten. Neruda wird mit Haftbefehl gesucht, und er hat nur die Wahl, unterzutauchen. Um sich in Sicherheit zu bringen, muss er außer Landes gehen. So lässt er sich einen Vollbart stehen, verbirgt sich unter einem breitkrempigen Hut, um wie ein Indigener auszusehen, und flieht mit Hilfe einiger treuer Genossen zu Pferd über die Gebirgspässe der Anden im Süden Chiles nach Argentinien. Nun ist er selber ein Exilierter: Pablo Neruda, der nach der Niederlage der Republik im Spanischen Bürgerkrieg 1939 als Konsul so viele Verfolgte mit einem Visum für Chile gerettet hat. Von Paris aus hatte er damals unter großen Schwierigkeiten ein Schiff organisiert, die „Winnipeg", die im August 1939 von Bordeaux aus abfuhr und auf der annähernd 2 000 spanische Flüchtlinge nach Chile entkommen sind. In Mexiko findet er dann für die nächsten Jahre Asyl. In dieser Zeit schreibt er sein großes lyrisches Werk, den *Canto General*, der 1950 zuerst in Mexiko veröffentlicht wird: „Mexiko, du hast deine Tore und Hände aufgetan/ dem Umherirrenden, dem Verwundeten,/ dem Vertriebenen, dem Helden". Und wie Anna Seghers dankt Pablo Neruda Mexiko als derjenige, „der dich liebte deiner Freiheit und Tiefe wegen". Die Erinnerung an dieses großherzige Land wird er immer mit sich nehmen: „Denn in meinem Leben, Mexiko, lebst du, ein verirrter/ kleiner Adler, der in meinen Adern kreist".

Noch in seinen Memoiren *Ich bekenne, ich habe gelebt*, spricht Neruda resümierend ein emphatisches Lob für

Mexiko aus: „Es gibt in Amerika und vielleicht auf dem Planeten kein Land mit größerer menschlicher Tiefe als Mexiko und seine Bewohner.“ Erst 1952 kann er unter einer neuen Regierung nach Chile zurückkehren, 1953 wird dort sein *Canto General* veröffentlicht.

Eine Gestalt, die in vielfachen Bezügen zur Emigrantenszene in Mexiko steht, ist die italienische Fotografin und Revolutionärin Tina Modotti. Geboren 1896 in Udine, kommt sie früh mit der internationalen kommunistischen Bewegung in Berührung. Sie ist eine hinreißend schöne Frau, die anfangs auch als Schauspielerin erfolgreich ist. Während des Bürgerkriegs geht sie nach Spanien, um den Kampf der Republikaner mit ihren Fotos zu dokumentieren. Anna Seghers ist ihr in ihrem ersten Jahr in Mexiko-Stadt mehrfach begegnet. Am 5. Januar 1942 aber stirbt sie ganz plötzlich nachts auf der Heimfahrt in einem Taxi, angeblich an Herzversagen. Die genaue Ursache wird nie ganz geklärt. Um ihre Person und ihren Tod ranken sich deshalb viele Legenden. Der Nähe zum Trotzkismus verdächtigt, fehlen bei der Trauerfeier für Tina Modotti die deutschen Kommunisten – bis auf Egon Erwin Kisch und Anna Seghers. Beide schreiben einen Nachruf auf die Freundin, und auch Pablo Neruda setzt der Unvergessenen in seiner Lyrik ein Denkmal. Kisch bekennt, zwar sei es der Himmel Mexikos, der den Fotografien von Tina Modotti ihr besonderes Licht verleiht, „doch kann man es nicht diesem Licht zuschreiben, dass ihrer Kamera vollkommene Gemälde entsprangen“. Das Geheimnis ihrer Werke, so beteuert er, liege darin, „dass sie mit dem Blick der Güte die Welt sichtbarer machten“. Auch Anna Seghers muss die Bildsprache der Schwarz-Weiß-Fotografien von Tina Modotti als etwas Außergewöhnliches aufgefallen sein: Sie erzählen vom Leben in Mexiko, von den einfachen Menschen des Landes, in dem Tina Modotti schon seit 1922 mit Unterbrechungen lebte, vom Marsch der Bauern in der Revolution oder von den Frauen auf den Märkten. Sie erzählen, und das ist für die Schriftstellerin das Unvergleichliche, tatsächlich Geschichten des mexikanischen Alltags. Mit ihrem geschulten Blick für Bilder erkennt sie in den Fotos der Modotti wohl etwas, das ihrem eigenen Geschichtenerzählen verwandt ist.

Die Worte, die Anna Seghers dem Gedächtnis der Freundin nachruft, rühren ans Herz:

Unsere Freunde sagen, Tina sei tot. Habe ich denn nicht selbst, mit eigenen Augen, die Erde gesehen, die man in ihr Grab geworfen hat? Habe ich nicht selbst zum letzten Mal ihr Gesicht gesehen im Sarg – diesem schrecklichen und unausweichlichen Vehikel –, das kleine, schweigende und ruhige Gesicht Tinas? Doch Tina war immer ruhig. Daher scheint mir, dass ihr Schweigen jetzt nur ein wenig dauerhafter ist. Daher habe ich den Eindruck, als würde ich sie noch einmal wiedersehen, vielleicht dieses Jahr, oder in ein paar Jahren, so, wie wir uns zu treffen pflegen: unvorhergesehen, in irgendeiner belebten Straße irgendeiner Stadt der Alten oder der Neuen Welt, in den organisierten Reihen einer Demonstration – ruhig und schweigsam – oder in einer Druckerei oder bei einer Kundgebung, an irgendeinem Abend. Gewiß wird sie eines Tages, ruhig und blaß, in einem Winkel des Schiffes sitzen, das uns in unsere Heimat zurückbringt. Ja, wenn die Stummen sprechen werden, ja, wenn die Blinden sehen werden, ja, wenn die Letzten die Ersten sind, ja, wenn unsere Toten einst auferstehen, wird Tina – ihr kleiner, schweigsamer und treuer Schatten – von ihrem Volk jubelnd begrüßt werden.

Pablo Neruda hat Tina Modotti bereits in Spanien kennengelernt, als sie dort im Bürgerkrieg als Fotografin das Geschehen dokumentierte. Der Dichter besingt sie poetisch in *Tina Modotti ist tot*: „Tina Modotti, Schwester, du schläfst nicht, nein,/ du schläfst nicht:/ vielleicht hört dein Herz die gestrige Rose/ wachsen, die letzte gestrige Rose, die neue Rose./ Ruhe sanft, Schwester./ Die neue Rose gehört dir, die neue Erde gehört dir:/ du hast dir ein neues Kleid angelegt aus tiefem Samen/ und dein sanftes Schweigen füllt sich mit Wurzeln./ Du wirst nicht vergebens schlafen, Schwester."

Der plötzliche und ungeklärte Tod von Tina Modotti hat die Freunde in Trauer zurückgelassen. Doch wie es oft der Fall ist, schweißt sie ein solches Unglück umso fester zusammen.

Unverwechselbar ist das farbenprächtige Markttreiben, ein Rausch der Sinne: Besonders gern besucht Anna Seghers die verschiedenen Märkte in Mexiko-Stadt oder, wenn sie ins Land reisen, auf den Dörfern. Dort bekommt man alles, was man sich nur vorstellen kann, bei Weitem nicht nur Lebensmittel oder Töpferwaren, sondern auch Möbel und Haushaltsgegenstände, und zwar meist sehr preiswert. Allein die Blumenstände machen einen großen und sehr farbigen Teil des Marktes aus. Immer wieder ist Anna Seghers hingerissen vor allem von den Früchten des Landes in allen Farben und Formen. Und von den Stoffen: Die Mexikanerinnen sind traditionell gute Weberinnen. Die Kleider, die sie tragen, sind bestickt mit bunten Ornamenten, die selbst ärmere Frauen bezaubernd aussehen lassen. Die Indiofrauen, die aus den Dörfern rings um die Metropole auf die Märkte kommen, breiten bunte Tücher auf dem Boden aus, auf denen sie ihre handgefertigten kleinen Kunstwerke anbieten, Gewebtes und Geflochtenes, Gürtel, Umhängetaschen aus Wolle oder Stoff, einfachen Schmuck und Amulette gegen allerhand Unheil, vor dem man geschützt werden soll, etwa kleine kunsthandwerkliche Stücke aus Obsidian, dem schwarz glänzenden Lavagestein. Etwas Einzigartiges sind die Wolldecken, die mit einem regenbogenartigen Farbenspiel in Streifen beeindrucken. Sie werden für alles Mögliche verwendet, zum Zudecken ebenso wie als Poncho, Sarape oder als Rebozo, den die Frauen vor allem zum Tragen der Kleinkinder gebrauchen. „Oft gingen wir gemeinsam auf den Markt in der Calle San Juan de Letran", erinnert sich die Freundin Steffie Spira.

Es gibt nach den Einkäufen immer noch etwas zu betrachten, was Anna Seghers später für ihre Erzählungen aus Mexiko gut verwenden kann. Die lebhafte Atmosphäre auf diesen Märkten erscheint so ganz anders als die von zu Hause gewohnte. „Trafen uns dort auch mit Gisl Kisch. Zählten die Gelder zusammen und kamen überein, gemeinsam zu essen. Die Essen, die wir dann veranstalteten, waren keine Festmahle, aber man aß zu dritt lustiger und, was wichtig war, billiger." Die Marktfrauen bereiten köstliche Tamales zu, weichen Maisteig, gefüllt mit Schweinefleisch und Chili. Solche Fleischröllchen werden in Bananenblätter gewickelt und gedämpft – eine Spezialität, die auf die Küche der Mayas und Azteken zurückgeht. Dazu die charakteristischen grünen oder roten Soßen, die Mole, scharf und würzig.

Wenn die Töpfer aus dem Umland in die Metropole Mexiko-Stadt zum Markt ziehen, befördern sie ihre Waren meist auf dem Rücken in großen Tragenetzen,

Mexikanischer Töpfermarkt in Oaxaca auf einer Postkarte aus dem Nachlass von Anna Seghers

deren Haltegurte um den Kopf geschlungen werden. So ist die Keramik am besten vor dem Zerbrechen geschützt. Dabei gehen die Indiofrauen traditionell einige Schritte hinter ihren Männern her.

Auch diese sinnlichen Eindrücke von den Märkten finden ihren Widerhall in die Prosa der Schriftstellerin. So nimmt Anna Seghers die Art, wie die Tortillas gebacken werden, oder die Truthähne, die man lebend an den Marktständen verkauft, in ihre Erzählung *Der Ausflug der toten Mädchen* auf, um die Polarität der zwei Handlungsebenen in Mexiko und der Heimatstadt Mainz sinnfällig zu machen: Als die Ich-Erzählerin in ihrer Inkarnation als das junge Mädchen Netty von ihrem Schulausflug ins Elternhaus zurückkehrt und die Treppen zur Mutter hinaufgehen will, versagen ihr die Kräfte. Hinter den Wohnungstüren hört sie beim Hinaufsteigen das Klatschen von Händen in jenem Rhythmus, wie die Frauen in Mexiko den Teig für Tortillas zwischen beiden Händen platt schlagen: *daß man auf diese Art Pfannkuchen buk, befremdete mich.* Zugleich vernimmt sie vom Hof her *das zügellose Schreien von Truthähnen und wunderte mich, wieso man plötzlich im Hof Truthähne züchtete.* Tortillas, bereichert mit den unterschiedlichsten Füllungen, sind unverzichtbarer Bestandteil einer jeden mexikanischen Mahlzeit.

Steffie Spira erzählt auch von Ausflügen, die sie mit den Kindern von Anna Seghers zum Pedregal gemacht hat, einer Art Mondlandschaft mit Felsen aus erkalteter Lava am Rande der Stadt, über der die Zopilotes flogen, eine Geierart. Dort zwischen den Steinen kamen auch Giftschlangen vor, sodass man unbedingt festes Schuhwerk anhaben musste. Zur Erfrischung aber konnten sie sich dann die reifen Früchte der Opuntien abpflücken, vorausgesetzt, man hatte einen Handschuh an, wegen der Stacheln. Sie öffneten die Früchte „und schlürften den Inhalt, dem einer riesigen Stachelbeere ähnlich und schön kalt, in unsere gierigen Münder", wie sich Steffie Spira erinnert.

Je länger die Exilanten hier leben, desto mehr gewöhnen sie sich an die Sitten und Bräuche des Landes. Fiestas Mexicanas, mexikanische Feste, das sind Feiern voller Farbigkeit und Lebensfreude. Weihnachten ist, das verwundert bei einem so tief katholischen Land keineswegs, das wichtigste Fest im Jahr. Und dazu muss es in jeder Familie den traditionellen Weihnachtstruthahn geben, daneben eine Vielfalt an Vorspeisen, Salaten, Fladen und Süßspeisen, möglichst ein Kokosdessert. Zum Unabhängigkeitstag am 16. September ist es ein Extravergnügen, in einer großen Schale den Nationalflaggen-Reis in den drei Farben weiß, rot und grün zuzubereiten.

Wenn man über Mexiko spricht, muss von der Farbigkeit der Märkte die Rede sein. Grün, weiß und rot sind die Farben der Flagge: Im September findet man auf den Märkten grüne, weiße und rote Kaktusfeigen, die Bestandteil der mexikanischen Küche sind, dazu die Früchte des Landes in Hülle und Fülle und in allen Farben: Mangos, Papayas, Ananas, Avocados oder Guaven. Ungewohnt für europäischen Geschmack ist auch die Jícama-Knolle, die mit Zitronensaft und Chilipulver als Erfrischung verkauft wird. Eines der Bilder von Frida Kahlo etwa heißt *Früchte der Erde* und zeigt verführerisch das, was auch Anna Seghers und die anderen Emigranten aus Europa besonders bewundern: die charakteristischen Farben und Formen der tropischen Früchte.

Diese überschäumende Farbigkeit findet sich wieder auch im Inneren der traditionellen mexikanischen Häuser. Die Mexikanerinnen lieben in ihren Küchen und Wandbords die prächtigen Farben der Gegenstände aus allen Teilen des Landes: Töpferwaren aus Oaxaca, Kupferkessel aus Santa Clara, Gläser, Tassen und Krüge aus Guadalajara, aus Puebla oder Guanajuato. Nicht zuletzt das berühmt gewordene Haus der Frida Kahlo ist dafür ein besonders schönes Beispiel, jenes Haus im Stadtteil Coyoacán, in dem Frida Kahlo geboren und 1954 auch gestorben ist. Seine Mauern sind in azul añil gestrichen, einem tiefen matten Blau, das im Volksglauben dazu dient, böse Geister abzuwehren. Nach ihrem Tod ist dieses Haus als

Museo Frida Kahlo allen Interessierten zugänglich. Ob Anna Seghers hier jemals zu Besuch war, ist jedoch nicht überliefert. Auf jeden Fall haben sich die beiden Frauen gekannt. Und 1952 bittet Diego Rivera seine alte Freundin Anna Seghers in einem Brief nach Berlin um Hilfe bei der Beschaffung von Medikamenten für Frida, der gegen ihre beständigen Schmerzen beinahe nichts mehr hilft.

Auf der Liste des FBI

Was die Emigranten in Mexiko in diesem Ausmaß wohl gar nicht ahnen, ist ihre flächendeckende Überwachung und Ausspionierung durch die US-amerikanischen Geheimdienste. Bei Anna Seghers und ihrer Familie beginnt das bereits 1941 beim Versuch, in die USA einzureisen. Der Immigration and Naturalization Service (INS) auf Ellis Island hat in einem Telegramm aus Ciudad Trujillo, der Hauptstadt der Dominikanischen Republik, von der Weiterreise der Radvanyis Kenntnis erhalten, gewissermaßen als Amtshilfe unter Geheimdiensten, „that Netty Radvanyi [...] Alleged Communist [...] accompanied by Ladislao Radvanyi [...] and their two children [...] arrived in the Dominican Republic 23 May from Martinique. Their nationality was given as Hungarian. They departed for New York [...] 11 June, 1941." Das Interesse der amerikanischen Behörden an Anna Seghers wird schon im August 1940 durch die Liste mit zwanzig Namen ausgelöst, die Vicente Lombardo Toledano erstellt hatte: Da steht Anna Seghers unter den besonders gefährdeten Emigranten, die mit Unterstützung des Präsidenten von Mexiko gerettet werden sollen. Allein ihre Zugehörigkeit zur kommunistischen Partei macht sie in den Augen der US-Geheimdienste suspekt. Deutsche, die 1940/41 nach Mexiko emigriert sind, werden außerdem als Nazi-Spione und potenzielle Saboteure verdächtigt. All das hat offenbar den Ausschlag gegeben, ihre Einreise in die USA endgültig abzulehnen.

Aus Mexiko gehen Berichte von Mitarbeitern der US-Botschaft in Mexiko-Stadt über alles, was die deutschen

Exilanten beruflich machen, in die USA. Das bezieht sich natürlich nicht nur auf Anna Seghers, sondern ebenso auf Kisch, Uhse, Renn und andere. Berichtet wird über die Veranstaltungen im Heinrich-Heine-Klub, Vortragsabende dort, Lesungen und Theateraufführungen. Wer wann mit wem zusammenarbeitet, weiß man stets genau. In Kooperation mit der mexikanischen Postzensur überwacht das Office of Postal Censorship den Brief- und Telegrammverkehr der antifaschistischen Flüchtlinge, allerdings durchaus nicht nur den in die USA, sondern auch die Post nach Südamerika und besonders die in die Sowjetunion. Beamte mit Deutschkenntnissen übersetzen die abgefangene Korrespondenz, bevor sie weitergeleitet wird. Wie der Germanist und Exilforscher Alexander Stephan, der jahrzehntelang in den USA als Professor tätig war, durch hartnäckige Erkundungen Anfang der 1990er-Jahre herausgefunden hat, wurde das Office of Postal Censorship vom State Department angewiesen, den gesamten Postverkehr der Bewegung Freies Deutschland, des Verlages El Libro Libre und ihrer Zeitschriften sowie politischer Publikationen nicht nur zu überwachen, sondern zu vernichten. Aus den Akten geht hervor, dass im U. S. State Department immer wieder die Frage diskutiert wurde, ob die Post von Anna Seghers und ihren Kollegen bei El Libro Libre und der Bewegung Freies Deutschland als „subversive" und „dangerous propaganda" vernichtet werden sollte. Durch ein offizielles Protestschreiben von Ludwig Renn kam ein interner, kontrovers geführter Diskussionsprozess zwischen den verschiedenen US-Institutionen in Gang. Erst daraufhin setzt sich im Mai 1944 die Meinung durch, dass die US-Geheimdienste gerade von einem unzensierten Postverkehr der Exilanten in Mexiko wichtige Informationen abschöpfen könnten und so ungleich mehr Gewinn davon hätten.

Offensichtlich können die US-Behörden sogar unter der linken mexikanischen Regierung ihre Aktivitäten weiter ausbauen. Denn gerade in der Zeit, als die meisten antifaschistischen Emigranten aus Europa in Mexiko eintreffen, also 1940/41, tritt eine US-Behörde auf den Plan, die bis dahin detaillierte Akten über jene Autoren und Intellektuellen angelegt hat, die seit 1939 in den USA Zuflucht gesucht haben: das Federal Bureau of Investigation unter der Leitung von J. Edgar Hoover.

Die zunächst auf das Inland beschränkte Spionagetätigkeit wird von Hoover und seiner Behörde zunehmend auf Lateinamerika ausgedehnt. Alexander Stephan hat eruiert, dass „die Anfänge des FBI-Büros in Mexiko eng verknüpft waren mit der ‚deutschen Gefahr'. Wie so oft bei Hoover gingen dabei handfeste Politik – also die Angst der Amerikaner vor Spionen oder gar einer deutschen Invasion in Südamerika – und eine eher schwammige Ideologie, nämlich die Verteidigung des ‚American Way' gegen Liberale, Linke und Kommunisten Hand in Hand."

Hier taucht dann auch der Begriff „Communazis" in den Berichten auf. Unter den männlichen Bespitzelten sind vor allem diejenigen Emigranten, die im Spanischen Bürgerkrieg mit der Waffe gekämpft haben, beispielsweise Bodo Uhse und Ludwig Renn. Von der ursprünglichen „braunen Gefahr", also dem nationalsozialistischen Deutschland, verlagert sich die Beobachtung durch das FBI und das State Department zunehmend auf die „rote Gefahr". Die Bewegung Freies Deutschland und der Nationalsozialismus werden noch im Sommer 1943 einem vergleichenden Test anhand solcher Begriffe wie

Volk, Führerprinzip und Gewaltanwendung unterzogen. Das gibt der späteren Totalitarismustheorie Nahrung, als nach Kriegsende sehr schnell die Sowjetunion und alle Kommunisten zum Hauptgegner der USA werden.

Insgesamt hat sich aus der Erforschung der umfangreichen Dossiers des FBI ergeben, dass kaum ein Buch der Exilanten in Mexiko erscheint und kaum ein Heft der Zeitschrift *Freies Deutschland* ausgeliefert wird, das – wie Stephan sagt – der Wachsamkeit der US-Geheimdienste entgangen wäre. Um ein Beispiel herauszugreifen: Hoovers Leute in Mexiko wissen nicht nur genau Bescheid über alle politischen und kulturpolitischen Aktivitäten Bodo Uhses, der ja zunächst bis 1940 in den USA Zuflucht gefunden hat. Sondern sie können ebenso übermitteln, dass Anna Seghers in der Zeitschrift *Freies Deutschland* eine positive Besprechung von Uhses Roman *Leutnant Bertram* veröffentlicht hat. Auch ein Telegramm findet sich in diesem Dossier, in dem Anna Seghers ihrem Verlag Little, Brown and Company in Boston noch kurz vor der Drucklegung ihres Romans *Transit* eine Neufassung der Schlusspassage ankündigt.

Im Februar 1944 fängt das FBI das Manuskript der Erzählung *Der Ausflug der toten Mädchen* ab, das Anna Seghers nach New York an ihren Verleger Wieland Herzfelde schickt, und lässt die erste Übersetzung des Textes ins Englische anfertigen – wohl auch, um zu überprüfen, wie weit die Autorin, anhand der Schicksale der Frauenfiguren, in der Beurteilung der NS-Zeit geht.

Der volle Umfang der Bespitzelung des deutschen Exils in Mexiko durch die amerikanischen Geheimdienste, so der Exilforscher Stephan, ist heute nicht mehr zu rekonstruieren. Ein „kleines Heer von FBI-Angestellten" jedenfalls sei damit beschäftigt gewesen, systematisch verdächtige und unverdächtige Publikationsorgane auszuwerten, mit denen Anna Seghers und ihre Gefährten in Verbindung standen. Routinemäßigen Vernichtungsaktionen sind immer wieder Teile der Akten zum Opfer gefallen, beispielsweise der überwiegende Teil der Postzensur. Dennoch konnte Alexander Stephan Anfang der 1990er-Jahre endlich, nachdem er lange insistiert und immer erneut Anträge gestellt hatte, Akteneinsicht erlangen und immerhin 730 von ursprünglich wohl 833 Seiten der FBI-Akte von Anna Seghers einsehen. Allerdings waren auf zahlreichen Blättern Ausschwärzungen vorgenommen und diese dadurch teilweise unlesbar gemacht geworden.

Unter den in den Akten aufgefundenen Texten von Anna Seghers befand sich auch ihr Essay von 1944 *Das Joint Anti-Fascist Refugee Committee*. Darin drückt sie ihre Dankbarkeit gegenüber den amerikanischen Freunden und Genossen aus, die unter anderem Gelder zur Unterstützung der Emigranten auch nach Mexiko senden, was für viele von ihnen überlebensnotwendig ist. Durch diese Hilfe hat das der Kommunistischen Partei der USA nahestehende Committee, wie die Autorin bekennt, *nicht nur Menschen vor dem Faschismus, sondern es hat Menschen für den Kampf gegen den Faschismus gerettet*. Denn so können sie und ihre Genossen, etwa durch die Zeitschrift *Freies Deutschland*, weiter gegen die faschistische Ideologie anschreiben, und sie nehmen mit ihrer literarischen und kulturpolitischen Arbeit *Teil am Kampf gegen den Faschismus*.

Insgesamt enthält das Dossier nahezu einhundert Briefe von und an Anna Seghers in englischer Übersetzung, der Inhalt zumeist zusammengefasst. Darunter ist ein besonders reizvoller vom 24. August 1944 an Kurt Kersten, der zu der Zeit noch immer auf Martinique lebt: Wenn sie *diese Art Lebenswandel*, also das Exil, hinter sich habe, schreibt sie, *möchte ich einmal als alte Frau, aber ohne Enkel, eine Reise auf die Antillen machen, die mich immer anmuten wie die Stadt-Staaten in der italienischen Renaissance*. Darüber würde sie gern schreiben, so wie Jacob Burckhardt über die Renaissance geschrieben hat, *der Staat als Kunstwerk in etwas abgewandelter Betonung, die Insel als Kunstwerk*. Dieses starke Interesse fließt dann in der Nachkriegszeit in die Trilogie der *Karibischen Geschichten* ein. Schon in Mexiko hat sie sich mit der historischen Figur des schwarzen Sklavenführers Toussaint L'Ouverture auf Haiti beschäftigt. Bisher hatte sie nichts von ihm gewusst. Seine Biografie liest sie in englischer Sprache und entdeckt, dass er *einer der bedeutendsten Menschen ist, die sich in der Zeit der Französischen Revolution entwickelt haben*. Sie ist fasziniert von seiner Persönlichkeit, und mehrfach wird er in ihren Antillen-Novellen Gestalt werden.

Leider ist aufgrund der Namensschwärzungen in den FBI-Akten häufig der Adressat ihrer Korrespondenz nicht mehr zu rekonstruieren. Mancher Brief, den Anna Seghers aus Mexiko an Freunde oder Verwandte in Europa geschrieben hat, ist wahrscheinlich niemals dort angekommen. Vermutlich hat sie mehrere Briefe nach Zürich an ihre Schwägerin Lili Szondi geschrieben, die Schwester ihres Mannes, der sie sich seit der Jugendzeit eng verbunden fühlt. Die Familie von Lili und Leopold Szondi mit ihren beiden Kindern wird im Juni 1944 mit einem großen Transport von ungarischen Juden ins KZ Bergen-Belsen deportiert. Im Dezember 1944 können sie jedoch aufgrund eines Austausches in die Schweiz ausreisen.

Die Ausschwärzungen machen das Entziffern des Dossiers schwierig. Andererseits ist auf diese Weise – Ironie der jahrelangen geheimdienstlichen Erfassung – das Manuskript einer Erzählung erhalten geblieben, von der Anna Seghers selber kein Exemplar und keinen Durchschlag mehr besitzt, als sie nach Hause zurückkehrt: die Erzählung *Der sogenannte Rendel*, geschrieben im französischen Exil. Dabei handelt es sich um eine Geschlechtertauschgeschichte nach einem authentischen Vorkommnis in Mainz während der großen Arbeitslosigkeit in der Weltwirtschaftskrise. Anna Seghers war in einer Pressemeldung im Jahr 1932 darauf gestoßen. Entstanden ist daraus eine der erstaunlichsten Prosaarbeiten der Schriftstellerin. Eine Frau, Katharina Rendel, hat nach dem plötzlichen Tod ihres Mannes, der nach jahrelangen vergeblichen Versuchen endlich eine Arbeitsstelle gefunden hatte, dessen Identität angenommen, um den Arbeitsplatz nicht aufgeben zu müssen und ihre beiden kleinen Kinder ernähren zu können – ein sozial brisantes Thema. Diese Erzählung konnte erst nach der Wiederentdeckung in den FBI-Akten durch Alexander Stephan überhaupt veröffentlicht werden. Dabei zeigt sie einen ganz neuen Seghers'schen Blick auf die Problematik der weiblichen Identität. So heißt es über die Frau, die sich in einen Mann verwandelt hat, um ihre Kinder zu retten, also juristisch gesehen einen Betrug begangen hat und dabei alles Weibliche, Weiche und Zarte hat aufgeben müssen: *[…] da begriff Katharina, wie furchtbar der begangene Betrug war. Sie begriff jetzt auch, wen man so furchtbar betrogen hatte: nämlich sie selbst*. Ihre Sehnsucht nach Liebe und Schönheit wird geopfert aus einer rein materiellen, existenziellen Notlage heraus. So intensiv hat Anna

Seghers zuvor kaum auf das besondere Weibliche einer Figur geblickt.

Zugleich geht aus den FBI-Akten auch der Hinweis auf ein Filmprojekt hervor. Bereits in den 1930er-Jahren, während des Exils in Paris, hat es den – letztlich unrealisierten – Plan gegeben, zusammen mit dem avantgardistischen Filmemacher Hans Richter die Erzählung *Der sogenannte Rendel* zu verfilmen. Die Berichte wissen allerdings von der Arbeit der Schriftstellerin zusammen mit Richter und dem österreichisch-amerikanischen Schriftsteller und Drehbuchautor Frederick Kohner an einem Filmmanuskript. Sie war damals, 1934/35, von Paris aus an den Luganer See in der Schweiz gefahren. Das Manuskript konnte jedoch nicht beendet werden. Und diese Idee scheint in den 1940er-Jahren wieder aufgenommen worden zu sein, als Hans Richter nach Emigrationsstationen in Paris und Zürich schließlich in New York lebt. Doch auch diesmal wird offenbar nichts aus dem Vorhaben.

Zu den verblüffendsten und, wenn man so will, originellsten Dokumenten der Geheimdienstakten gehört eine Liste, auf der in mehreren Dutzend Varianten die möglichen Schreibweisen und Namenskombinationen von Anna Seghers respektive Netty Radvanyi zusammengestellt sind. Unter diesen sich jeweils um einen oder zwei Buchstaben unterscheidenden Namensvarianten vermutet das FBI Post von oder an Anna Seghers. Das reicht von „Seghers, Anna“ über „Radvaniy, Ladislas Mrs.“ oder „Radvanji, Netty“, „Radvany, One“ bis zu „Reiling, Nettie“ und sogar „Schmitt, Johann Mrs.“ (nach dem deutschen Pseudonym ihres Mannes, Johann Lorenz Schmidt). Die merkwürdigsten Fehler, Verwechslungen und Vertauschungen von Buchstaben haben sich eingeschlichen, und es wirkt grotesk, auf welche gedrechselten Verballhornungen die Spitzel gekommen sind.

Im Februar 1946, als die meisten der Exilanten sich noch in Mexiko befinden, schreibt Hoover an die Division of Foreign Activities Correlation im State Department, dass die prominenten deutschen Kommunisten vorhaben, zuerst in den russisch besetzten Teil Deutschlands zurückzukehren, um von dort aus die britische, amerikanische und französische Zone mit ihrer kommunistischen Propaganda zu infiltrieren.

Vielleicht hätten Anna Seghers und ihre Freunde herzhaft gelacht, wenn sie diese Berichte hätten lesen können. Doch ist durchaus zweifelhaft, ob die Behörden etwas grundsätzlich Neues über die von ihnen Beobachteten herausgefunden haben, was nicht ohnehin offensichtlich war.

„… wenn ich dir nur all die Märkte zeigen könnte“: Mexiko in der Prosa von Anna Seghers

Was Anna Seghers im Exil noch gar nicht für möglich hält, wird später in Berlin Wirklichkeit: Sie schreibt Erzählungen, die in Mexiko spielen. So entsteht 1951 die Geschichte eines Indiomädchens mit Namen *Crisanta* und 1957/58 *Die Heimkehr des verlorenen Volkes*. Eine ihrer schönsten und bedeutsamsten Erzählungen wird *Das wirkliche Blau* (1967) über den Töpfer Benito, der ein wahrer Künstler ist und alles daransetzt, sein nur ihm eigenes, besonderes Blau zu finden.

Solange sie in Mexiko lebt, hat alle Sehnsucht, alle Hoffnung nur die Zielrichtung Heimat. Deshalb schreibt sie an einem Roman über Deutschland, über die Epoche zwischen dem Ersten und dem Zweiten Weltkrieg, die schlimmste Zeit in ihrem Leben: *Die Toten bleiben jung*. Aber sie findet hier auch die Themen, die sie begleiten werden in die Zeit nach der Rückkehr. Anna Seghers ist aufnahmebereit für das Besondere an ihrem Gastland: die Geschichte Mexikos, der indigenen Völker, der Mayas und Azteken, ihres Schicksals durch die Eroberung von Spanien. Zuerst glaubt sie, über Mexiko werde sie vielleicht nie schreiben können, alles sei doch zu fremd. Noch Anfang 1943 gesteht sie in einem Interview mit dem amerikanischen Reporter John Stuart: *Mexiko ist ideal für Künstler. Die Atmosphäre ist anregend. Aber ich glaube nicht, daß ich je darüber schreiben werde.*

Gleichwohl empfängt die Schriftstellerin hier, wie sich erst später zeigt, die intensivsten Eindrücke. Sehr vieles von dem, was ihre in den folgenden Jahrzehnten entstehenden Geschichten atmosphärisch so besonders macht, ist bereits angelegt: die Empfänglichkeit für Farben, Landschaften und die Charakteristik der Menschen, die hier leben. Von Jugend an beruft sie sich auf den *Originaleindruck*, den ein Künstler von seiner Umgebung in sich aufnehmen müsse. Früher hat sich das in erster Linie auf ihre Herkunft vom Rhein bezogen. Jetzt aber ist sie offen für alles, was sie in Mexiko sieht. Darunter ist die Farbe Blau etwas ganz Besonderes. Nicht nur auf den Keramiken sticht das einzigartige, *wirkliche Blau* des Töpfers Benito Anna Seghers ins Auge. Auch in den wunderbaren mexikanischen Webwaren leuchtet das Blau ihr immer wieder entgegen. In der Erzählung *Crisanta* wird es einmal heißen, wenn sich die erwachsene Protagonistin endlich wieder an ihre frühesten Kindheitseindrücke erinnern kann, an die Geborgenheit im Rebozo, dem Umschlagtuch der Frau, die einst das kleine Mädchen getragen hat: *Das unvergleichliche, unbegreifliche tiefe und dunkle Blau.* Anna Seghers wird sich auch in ihrer Berliner Wohnung mit diesem Blau aus Mexiko umgeben. Eines der traditionsreichsten Motive in der mexikanischen Volkskunst sind die weißen Lilien auf tiefblauem Grund, wie man es auch aus den Bildern von Frida Kahlo kennt oder von den Mauern ihres Blauen Hauses. Die Malerin, verheiratet mit Diego Rivera und geschult in der künstlerischen Tradition ihres Landes, hat auf ihren Bildern im Hintergrund immer wieder solche Motive einbezogen, die ein Ausdruck des Selbstbewusstseins des mexikanischen Volkes sind.

Und noch 1969 wird Anna Seghers einmal sagen, Mexiko sei ihr immer noch lieb und ganz gegenwärtig:

Ohne Krankheiten wäre ich schon längst wieder hingefahren. Ja, sie bekennt sogar: *Unter allen Ländern, die ich kenne, hat Mexiko den größten Eindruck auf mich gemacht.* Selbst im hohen Alter von fast achtzig Jahren wird sie literarisch noch einmal in die Karibik zurückkehren: Der Band *Drei Frauen aus Haiti* entsteht, das Alterswerk.

Sie ist, noch in Mexiko, beinahe schon auf dem Sprung nach Europa, da schreibt sie am 6. April 1946 in einem Brief an Johannes R. Becher, der schon seit Mai 1945 in Berlin ist, sie werde, wenn sie nach Deutschland kommt, *eine Menge von Material und Erlebnissen und Erfahrungen* über dieses Land mitbringen*, die ich wohl manchmal zuerst kaum verstanden habe. (Die halbkolonialen Verhältnisse, die Macht der katholischen Kirche, die andauernde, jahrhundertelange, unwahrscheinliche Armut usw.).* Darüber, kündigt sie ihm an, werde sie *besser daheim schreiben.* Anna Seghers ahnt, dass die Erfahrung Mexiko sie für den Rest ihres Lebens und Schreibens nicht mehr loslassen wird.

Nico Rost, dem niederländischen Freund und Schriftsteller, der das Konzentrationslager Dachau überlebt hat, schildert sie in einem Brief im Februar 1946 ihre Odyssee durch die Fluchtorte in Übersee und schreibt, sie werde ihm beim Wiedersehen erzählen, *dass von der ganzen „Hemissphäre" so viel in einem stecken geblieben ist, dass es wahrscheinlich nicht mehr ganz aus einem herausgeht, vielleicht auch nicht heraus soll.*

Eine dieser Erzählungen, in denen sich Anna Seghers dann in Deutschland der mexikanischen Geschichte und Gegenwart zuwenden wird, ist *Die Heimkehr des verlorenen Volkes*:

Mit wechselnden Häuptlingen, vielerlei Tode sterbend, ständig schmelzend an Zahl, aber immerfort auch gebärend, auf-

gehellt und erschreckt von winzigen Lichtungen, sich an alles erinnernd, wenn auch nur in kurzen seltenen Augenblicken, was ihm unter dem Himmel geschehen war, davon kundtuend, manchmal in jähen verzückten Schreien, manchmal in langen langsamen Liedern, lebte das Volk im Wald verborgen. An einer engen Stelle des Erdteils zog es vom Atlantischen zum Stillen Ozean, hin und her, angstvoll alle Rodungen meidend. Alles war ihm verloren gegangen, nur nicht seine Erinnerung. Es sang, wenn es Rastzeit hatte oder ganz kurz die Sonne erblickte oder die Sterne. Wenn sich dabei die Herzen erweichten und die Kehlen, erzählte es aus seinem alten Leben, aus seinem Leben im Licht. Es erzählte von seinen Festen, von dem Bauwerk, turmartig, mit vielen Stufen, um zu den Göttern zu steigen, von allen Künsten der Priester und ihren Zöglingen, von schönäugigen, reinen heiligen Knaben, von der Schreckensnacht, in der der Feind eingebrochen war. –

Es geht in dieser Erzählung um eine Heimkehr. Anna Seghers weiß, wie entscheidend es ist, zu seinen eigenen Wurzeln zurückzukehren. Als sie über diesen Maya-Stamm schreibt, 1957, da war es gerade zehn Jahre her, dass sie nach Deutschland zurückgekehrt ist, doch es bedeutete noch keine wirkliche Heimkehr. Alles fühlte sich fremd an, die zerbombten Städte, die vom Krieg verrohten Menschen. Die Einsamkeit war allgegenwärtig. Erst als Rodi, ihr Mann, endlich 1952 ebenfalls seinen Lebensmittelpunkt von Mexiko nach Berlin verlegt, geht es ihr besser: Nun kann sie sich, gemeinsam mit ihm, ihrer Wurzeln wieder versichern.

Das Volk der Maya lebte von alters her auf der mexikanischen Halbinsel Yucatán. Der Feind, der eines Tages dieses Leben zunichte gemacht und die Menschen in die Flucht getrieben hatte – das waren die Konquistadoren, die spanischen Eroberer mit Hernán Cortés an der Spitze. Über Jahrhunderte verbargen sich die Mayastämme nun im Urwald, fern von ihren angestammten Ländereien. Ihre Kultur und ihre Bräuche haben sie fast schon aufgegeben. Ein verlorenes Volk. Doch eines hatten sie, wie die Erzählerin unterstreicht, nie verloren: ihre Erinnerung. Ein für Anna Seghers so grundlegender Wert: Ein Volk, das mit seiner Vergangenheit, mit seiner Erinnerung und seinen Liedern lebt, kann nie ganz und gar verloren sein. Es hält, wie es heißt, sogar auf der Flucht, die es mehrmals zwischen den beiden Ozeanen hin- und hertreibt, die uralten Überlieferungen wach – damit die Nachgeborenen ein Erbe aufzunehmen vermögen. Wenn ihnen die Vorfahren schon kein eigenes Land, keinen Grund und Boden zum Bewirtschaften, nicht die berühmten, legendenumwobenen Bauten weitergeben konnten – die Erinnerung kann man diesem Volk nicht nehmen. Das allein hält die Identität eines Volkes lebendig.

Während ihres Exils in Mexiko stößt Anna Seghers auf die Kunde vom Volk der Maya. Sie, die stets mit einem ausgeprägten historischen Interesse anderen Völkern und Kulturen begegnet, ist fasziniert von den Sagen und Überlieferungen der indigenen Völker Mittelamerikas, der Maya, der Azteken, der Olmeken. Auch durch ihre Freundin, die Ethnologin und Fotografin Gertrude Duby-Blom, wird die Schriftstellerin in den Bann dieser uralten Hochkulturen gezogen.

Es ist eine besondere Zeit der neueren mexikanischen Geschichte, in die Anna Seghers' Exiljahre fallen: Gerade eben in den späten 1930er-Jahren hatte der fortschrittliche Präsident der Vereinigten Staaten von Mexiko,

Lázaro Cárdenas, den indigenen Völkern durch Gesetze ermöglicht, auf ihre ursprünglichen Ländereien zurückzukehren und nach ihren verbrieften Rechten frei zu leben. Eine ungeheure Tat! Nach Jahrhunderten der spanischen Fremdherrschaft wurde den Ureinwohnern und rechtmäßigen Besitzern des Landes wenigstens hier Gerechtigkeit zuteil. Während seiner Regierungszeit von 1934 bis 1940 hat Cárdenas neben der Bodenreform vor allem auch die Enteignung der britischen und nordamerikanischen Erdölgesellschaften durchgesetzt. Als die deutschen Emigranten nach Mexiko kommen, ist diese Wendung der Geschichte noch in aller Munde. Die Schriftstellerin, selbst verjagt aus der Heimat und mit ihrer Familie seit Jahren über Länder und Ozeane getrieben, muss darin ein Fanal erkannt haben: Auch sie selber, die deutschen Emigranten, werden eines Tages ihr Recht auf die Heimat wiedergewinnen. So ist die Ankunft in Mexiko gerade in diesem unter allen möglichen Exilländern für Anna Seghers und die Ihren ein Hoffnungsquell sondergleichen. Auch ihnen hat dieses Land Asyl gegeben, auch sie hat es aufgenommen in schwerer Stunde. Welche Zukunftsgewissheit! Hier können sie überleben und arbeiten.

In der Geschichte erzählt Anna Seghers von einem namenlosen Volksstamm, der am Meer gelebt hatte, bis die Eroberer kamen, die man für fremde Götter hielt. Nun wird ihnen alles genommen, sie verlieren ihre Lebensgrundlage. Sogar die eigenen Priester sind machtlos dagegen. Sie seien durch nichts zu besänftigen, die entsetzlichen fremden Götter, so berichten die Kundschafter dem Häuptling. Was irgend essbar sei, das verschluckten sie. Gnadenlos packten sie die von den Priestern geweihten Mädchen. Was brennbar sei, das stehe in Flammen. Von nun an zieht das Volk von der Spitze der Halbinsel, vom Ufer des ihm vertrauten Meeres, immer tiefer in die Urwälder hinein, vom Licht in den Schatten, fort von den eigenen Wurzeln. Gezwungenermaßen entfernt es sich von den Ursprüngen seiner Tradition, und nur die Sagen von den alten Göttern halten es zusammen.

Am Ende, als das verlorene Volk tatsächlich heimgekehrt ist auf seine Halbinsel, heißt es: *Die höchste Pyramide stand unversehrt an der Stelle, an der sie am Tag des Aufbruchs gestanden hatte. [...] Der Häuptling sagte: „Hier ist es. Wir bleiben." Sie ließen sich endgültig nieder, und sie wohnen auch heute dort.* Für Anna Seghers eine Vorausdeutung auf die eigene Heimkehr, die gekommen ist, als die Alliierten Hitler endgültig besiegt haben. Zwar verläuft ihre eigene Wiederbegegnung mit der Heimat anders als für den Mayastamm: Alles andere als unversehrt standen die Städte Deutschlands, und der Schmerz über das zerstörte Vaterland löst dann im Frühjahr 1947 in der Heimkehrerin eine schockartige Erschütterung aus: Sie fühle sich, so schreibt sie in Briefen, als sei sie in die Eiszeit geraten, und gleichzeitig so fremd, *wie eingewachsen in lauter Dornen* – ein Dornröschengefühl nennt sie es mit einem Märchenbild. Berlin und Mainz, ebenso wie das ganze Land, ja wie halb Europa, liegen in Schutt und Asche. Und dennoch, es ist die Heimat. Nichts sonst auf der Welt ist damit vergleichbar.

Anna Seghers, die selbst seit ihrer Jugend Märchen und Sagen der Völker sammelt, die in ihrem Erzählen so gern den Sagenton aufnimmt, kann hier ganz aus dem Vollen schöpfen. *Einstmals*, so hebt sie an, *hatte das Volk den Urwald durchdrungen.* Geschichte zumal war auch eines ihrer Studienfächer. So wie sie während des Studiums die Geschichte des chinesischen Volkes interessiert hatte, so erweckt jetzt die Vergangenheit des anfangs so fremden Mexiko ihre heftige Anteilnahme. Mexiko, das Land so großer uralter Menschheitskulturen, so beeindruckender Bauwerke wie der Pyramiden und Tempel von Teotihuacán, von Chichén Itzá, Uxmal und Palenque, muss für die Schriftstellerin von ungeheurer Faszinationskraft sein. Gleich, als sie zurückgekehrt ist nach Europa, macht sie in dem einfühlsamen Essay *Die gemalte Zeit* (1947 in der Berliner Zeitschrift *Athena* gedruckt) die eigenen Landsleute mit der beeindruckenden Kunst der mexikanischen Wandmaler, der muralistas, bekannt – allen voran Diego Rivera. Diese haben für ihr Volk, das lange Zeit lese- und schreibunkundig gehalten worden ist, die alten Überlieferungen der Vergangenheit wie die jüngste Geschichte Mexikos in Bilder von großer Farbfreudigkeit und Strahlkraft gebracht.

Ein besonderes Erlebnis ist es für Anna Seghers, als Diego Rivera sie 1946 einlädt, seine gerade im Bau befindliche Museumspyramide von Anahuacalli gemeinsam mit ihm zu besuchen. Ein Foto zeigt beide auf der Dachterrasse des Bauwerks aus Lavagestein, von Rivera selbst entworfen im Stil der monumentalen altmexikanischen Pyramiden. In diesem neuen Museum in Anahuacalli, damals noch außerhalb von Mexiko-Stadt gelegen, soll einmal seine riesige, nahezu 50 000 Objekte umfassende Sammlung präkolumbianischer Kunstwerke präsentiert werden: Skulpturen, Masken, rituelle Tongefäße und vieles andere. Diego Rivera hat diese historisch bedeutende Ausstellung initiiert und persönlich vorangetrieben. Die Fertigstellung des Museums wird sich allerdings lange

Mit Diego Rivera auf der Museumspyramide von Anahuacalli

hinziehen. Erst sieben Jahre nach seinem Tod, 1964, kann es eröffnet werden.

Es wird länger dauern, bis die Schriftstellerin sich wirklich in der Lage fühlt, über Mexiko zu erzählen. Aber die Stoffe reichern sich zunächst in ihrem Unterbewusstsein an. Es ist ein noch intuitives Sammeln von Eindrücken. Die Landschaften, die Farben, die Menschen, alles begeistert sie zunehmend. Im *Ausflug der toten Mädchen* beschreibt sie einmal die Fremdartigkeit der in ungewohnt grellen Farben glühenden Pfefferbäume am Rande einer Schlucht: Die schienen *eher zu brennen als zu blühen*. Sie sieht das alles als Europäerin, die aus einer völlig anderen kulturellen Tradition hierher kommt – und staunt: *Es ist möglich, daß ich, wenn ich wieder zu Hause bin, etwas Wichtiges, etwas Schönes über Mexiko schreiben werde. Wenn ich Dir nur all die Märkte mit all den Farben zeigen könnte, all den Stoffen, all den Menschen, dann wäre es leichter für mich.* Doch vorerst erscheine ihr das alles *fürchterlich unwirklich*. So schreibt sie in einem Brief an eine Freundin in der Schweiz, etwa 1945. Bei der Adressatin handelt es sich wahrscheinlich um Lili Szondi, Rodis Schwester – die Anrede des Briefes in den Akten des FBI ist allerdings ausgeschwärzt. Von Anfang an betont sie, dass das *Klima, die Farben, das Ländliche* ihr gefallen und ihr die Gewissheit geben, hier leben und arbeiten zu können.

Eines Tages findet Anna Seghers auf einem Markt ein Holzaltärchen, das den Heiligen Christophorus darstellt. Es ist zusammenklappbar und eignet sich deshalb als Reisealtar, den man immer bei sich führen kann, um sich im Falle einer Gefahr beschützt zu fühlen: *Mit dem Heiligen Christopherus stehe ich aber sehr gut. Ich habe von ihm ein kleines Triptychon, aus Holz geschnitzt, ich kaufte es auf dem Markt in Mexiko, und ich habe es immer bei mir, denn es heisst, er ist auch besonders der Schutzheilige der Reisenden. Und ich bin außerordentlich gern unterwegs.*

Und sogar im Spätwerk kommt Anna Seghers literarisch noch einmal nach Mexiko zurück. Es entsteht die Erzählung *Wiederbegegnung* (1977): *Diese Geschichte begann an meinem Nachbartisch in einem Café in der Stadt México. Ich ahnte nicht, daß sie damals begann, trotzdem weiß ich genau den Zeitpunkt. Nach langer Krankheit war ich zum erstenmal wieder in dieses Café gegangen, in dem ich gern las und schrieb.* So nimmt die Schriftstellerin ihre Leser mit in ihr früheres Leben. Es war das Jahr 1943, als sie den schweren Verkehrsunfall nur knapp überlebt hatte. Denn sie sagt auch, während sie im Krankenhaus lag, war Hitler an der Wolga geschlagen worden. Damals war diese Nachricht nur unklar in ihr Bewusstsein gedrungen, tröstlich und hoffnungsspendend, dass dieser fürchterliche Krieg bald zu Ende gehen würde. Jetzt kommen aus Spanien auch Abgesandte der im Untergrund gegen den Diktator Franco kämpfenden Genossen, unter ihnen ganz heimlich und so, dass keiner ihn erkennen soll, Alfonso, der Mann von Celia, die allein als Flüchtling nach dem Ende des Bürgerkriegs nach Mexiko entkommen war. Die Geschichte dieser Frauenfigur Celia und der großen Liebe zwischen ihr und Alfonso, die vom Terror nicht zerstört wird, ist das berührende Thema von *Wiederbegegnung*.

Abschied und Erwartung

Als mit der bedingungslosen Kapitulation Deutschlands der Krieg zu Ende geht, im Mai 1945 zunächst in Europa, beginnt auch für die Emigranten in aller Herren Länder eine neue Zeitrechnung. Die Gemeinschaft der antifaschistischen Deutschen in Mexiko hat sich für den 10. Mai etwas Besonderes ausgedacht. Man feiert den 60. Geburtstag von Egon Erwin Kisch, des „rasenden Reporters". Geboren am 29. April 1885 in Prag, damals Österreich-Ungarn, hat es ihn um die halbe Welt verschlagen, ehe er in Mexiko Zuflucht fand. Im Heinrich-Heine-Klub soll er geehrt werden, und zwar an dem Tag, an dem die Nazis zwölf Jahre zuvor in deutschen Universitätsstädten Bücher verbrannt haben, die Werke linker und jüdischer Autoren. Deshalb spielen sie Kischs Stück *Der Fall des Generalstabschefs Redl* in einer, wie es im Ankündigungszettel heißt, „einzigartigen und einmaligen Aufführung".

Das Ungewöhnliche: Die Rollen werden ausschließlich von Schriftstellerkollegen gespielt. Das ist natürlich eine besondere Gaudi. Anna Seghers steht im Schiefersaal als Baronin Daubek auf der Bühne; ein schönes graues Seidenkleid, ein Collier um den Hals und ein Diadem im Haar weisen sie als adlige Dame aus. Neben ihr spielen Alexander Abusch, Bruno Frei, Theodor Balk, Paul Mayer, Kurt Stern, Bodo Uhse und Ludwig Renn mit. Außerdem dabei die kleine, gerade zehnjährige Nadine, die Tochter von Jeanne und Kurt Stern. Viele im Publikum wissen von Anna Seghers' schwerem Unfall, der sie seit 1943 gezwungen hat, sich von den meisten

HEINRICH HEINE - KLUB

Donnerstag, den 10. Mai 1945. Abends 8 Uhr 30
im Schiefersaal, Ven. Carranza 21, I. Stock

Aus Anlass des 60 Geburtstags von

EGON ERWIN KISCH

Einzigartige und einmalige Auffuehrung seines Stueckes

"Der Fall des Generalstabschefs Redl"

Saemtliche Rollen gespielt von Kischs Freunden, den Schriftstellern:

Lenka Reiner, Anna Seghers;
Alexander Abusch, Theodor Balk, Bruno Frei, Rudolf Fuerth, Leo Katz, Hans Marum, Paul Mayer, Ludwig Renn, Ernst Roemer, André Simone, Kurst Stern, Bodo Uhse.

Einladung des Heinrich-Heine-Klubs zum 10. Mai 1945

öffentlichen Aktivitäten fernzuhalten. Nun ist sie plötzlich dabei. „Bei der Aufführung“, erinnert sich Lenka Reinerová, „war sie natürlich ein Bombenerfolg. Kaum betrat sie die Bühne und führte ihren Hofknicks und die angemessene Verbeugung vor, prasselte auch schon jubelnder Applaus durch den Saal. Die Menschen waren glücklich, dass sie wieder wohlauf war, und begeistert, dass sie bei diesem Jux mitmachte.“ Er hätte nie gedacht, überliefert sie die Worte eines Zuschauers, dass „Frau Seghers auch so herrlichen Unfug machen kann“. Wie schade, dass Anna Seghers selber sich nicht dazu äußern wird. Sie führt kein Tagebuch, macht keine persönlichen Aufzeichnungen. Doch dass es ihr Spaß gemacht hat, an

Zum 60. Geburtstag von Egon Erwin Kisch – Aufführung seines Stücks *Der Fall des Generalstabschefs Redl* am 10. Mai 1945; vordere Reihe, Dritte von rechts: Anna Seghers

dieser Verkleidung zu Ehren Kischs teilzunehmen, ist offensichtlich. Alle sind an diesem Abend euphorischer Stimmung. Diese Theateraufführung ist zugleich ihre Siegesfeier im Heinrich-Heine-Klub.

Die Freundschaft zu Egon Erwin Kisch ist unter den persönlichen Beziehungen im Exil besonders eng, und sie umfasst die ganze Familie. Kennengelernt haben sich Seghers und Kisch bereits in den Zwanzigerjahren in Berlin, wo Kisch als Reporter tätig gewesen ist. Dann treffen sie sich in der Emigration wieder. Von Paris aus nehmen sie zusammen am II. Internationalen Schriftstellerkongress 1937 in Madrid teil. Und nun, in der Neuen Welt, bilden sie einen richtig engen Kreis, in dem einer dem anderen fest vertraut. Der 29. April, Kischs Geburtstag, ist auch der ihres Sohnes Pierre. Egonek, wie ihn seine Freunde liebevoll nennen, ist Kindern sehr zugetan. Er kann wunderbar lustige und fantasievolle Geschichten erzählen und nimmt die Kinder dabei ernst. Die Kinder lieben ihn. Schon im französischen Exil, als die Kischs in Versailles und die Radvanyis in Bellevue gewohnt haben, nicht sehr weit voneinander entfernt, haben sie beider Geburtstage manchmal zusammen gefeiert. Pierre Radvanyi hat über die Zeiten ein kleines Gedicht aufbewahrt, das ihm Kisch eines Tages anlässlich ihres gemeinsamen Ehrentags zusammen mit einer Zeichnung geschenkt hat.

Als Kisch 1948 viel zu früh in Prag stirbt, schreibt Anna Seghers im Nachruf auf den Freund: *Ach, Kisch, Du und die Gisl, Deine Frau, wo Ihr wart, immer haben sich vier Wände wie von selbst um Euch herumgestellt. Wir konnten in diese vier Wände mit Euch hineinschlüpfen, wohin wir auch in dieser unwirklichen Welt miteinander verschlagen waren, in Versailles und im Bürgerkrieg in Madrid und später in Mexiko.* Diese Nähe gehört zum Kostbarsten und Tröstlichsten im Leben der Emigranten.

Ein besonderes Erlebnis verbindet Anna Seghers und ihren Sohn Pierre. Seit jeher sind die beiden unzertrennlich, und schon immer hat die Mutter zu ihrem Erstgeborenen ein enges Vertrauensverhältnis. Eine beinahe spitzbübische Freude ist ihrem Gesicht anzusehen, als sie zusammen mit Pierre eine Zigarette raucht. Um Ostern 1945 fahren Mutter und Sohn für einige Tage nach Guadalajara, eine schöne alte Stadt im Hochland Mexikos, Hauptstadt des Bundesstaates Jalisco. Mit ihren

Bauten im Kolonialstil macht die Architektur einen starken Eindruck auf die Besucher. Sie flanieren durch die Altstadt mit ihren zahllosen Kirchen, Palacios und bezaubernden Parkanlagen. Hin und wieder betreten sie einen Patio, einen dieser traditionellen Innenhöfe, die mit ihren zahlreichen Pflanzen in Keramikkübeln für eine angenehme Kühle sorgen. Und manchmal kommen sie sogar mit den Bewohnern ins Gespräch, denn die Leute von Guadalajara haben eine ganz offene Lebensart. Von dort stammt ursprünglich die Tradition der Mariachi-Kapellen. Anna Seghers ist gelöst und heiter wie seit Langem nicht mehr. Zusammen genießen sie diese unbeschwerte Zeit, besuchen Attraktionen wie das Naturkundemuseum und den ehemaligen Gouverneurspalast. Dort, im barocken Palacio del Gobierno, hat der Maler José Clemente Orozco ein riesiges Wandbild gemalt, mit dem er den mutigen Kampf des Paters Hidalgo für die mexikanische Revolution im Gedächtnis seines Volkes befestigt. Es zeigt den legendären weißhaarigen, schwarz gekleideten Pater mit einer brennenden Fackel in der Hand, die über einem Meer roter Fahnen leuchtet. Der Priester Miguel Hidalgo hatte 1810 eine Gruppe von Einheimischen zum bewaffneten Kampf geführt, indem er laut die Glocke der Kapelle anschlug. Jeweils am 16. September zur Feier der Unabhängigkeit lässt der Präsident Mexikos um elf Uhr abends auf dem Zócalo die Glocke von Hidalgo erklingen. In *Crisanta* wird Anna Seghers einmal davon erzählen, welche Bedeutung diese Überlieferung im kollektiven Gedächtnis des mexikanischen Volkes hat: *Er ließ die Glocke der Dorfkirche von Dolores läuten, und damit gab er als erster das Zeichen zum Aufstand gegen die Spanier. Dieselbe Glocke läutete nach der Befrei-*

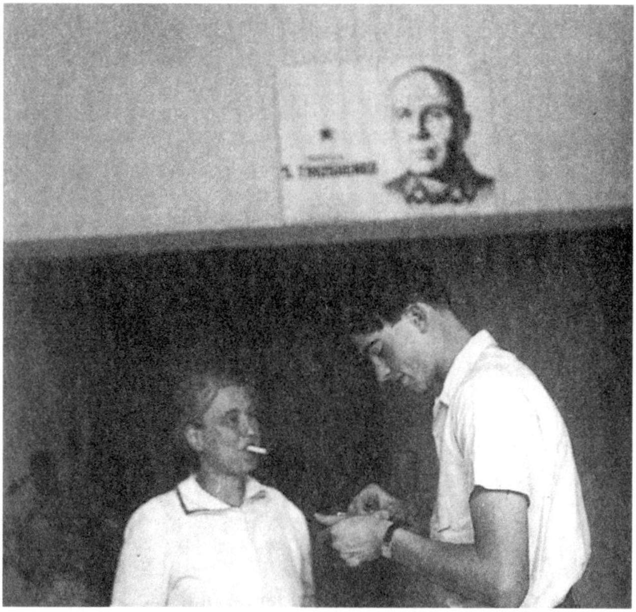

Mit Sohn Pierre in der ersten Wohnung Calle Rio de la Plata 25

ung jedes Jahr zum Nationalfeiertag auf dem Präsidentenpalais von Mexiko.

Auf vielen Bildern der Muralistas sind solche Szenen aus dem Unabhängigkeitskampf verewigt. Diese Art der Kunst, die Anna Seghers in Mexiko kennenlernt, bewundert sie aus tiefstem Herzen. Sie möchte, dass ihr Sohn dieses Kunsterlebnis für immer aufnimmt. Jene wenigen gemeinsamen Tage in Guadalajara verbinden Mutter und Sohn noch fester. Immer wieder, auch in späteren Jahrzehnten, wird der Sohn der Mutter in besonderer Weise nahestehen. Noch am Sterbelager wird er bei ihr sein. Doch in diesen Tagen in Guadalajara ahnt sie wohl, dass Pierre die Familie bald verlassen wird. Die Kinder sind erwachsen geworden inmitten der Aufregungen der letzten Jahre und insbesondere nach ihrem schweren Unfall.

Die Blicke aller richten sich jetzt nach Europa. Nun haben sie nur noch ein Ziel: die Heimkehr. Nach Jahren des Umhergetriebenseins ist die Sehnsucht danach, wieder anzukommen, riesig. Anna Seghers zieht es mit allen Fasern ihres Herzens nach Hause. Sie ist von weit her gekommen, und die Heimat schien beinahe verloren zu sein. Am 2. Januar 1946 aber schreibt sie an den Regierungsrat Michel Oppenheim in Mainz, vielleicht könne er sich nicht vorstellen, *was für Sehnsucht ich nach dem Rhein habe*. Er hat ihr brieflich angeboten, ihr behilflich zu sein bei Anträgen auf Rückerstattung der Vermögenswerte ihrer toten Eltern. Doch das, antwortet sie, interessiere sie viel weniger. Dagegen möchte sie *außerordentlich gern auf begrenzte Zeit die Stadt wiedersehen, in der ich geboren und aufgewachsen bin*. Ob er verstehen könne, dass jemand wie sie *dann erst recht das Gefühl hat, man müßte einmal wieder daheim atmen*. Es ist ihr lebenswichtig, sich ihrer Verwurzelung in der rheinischen Heimat zu versichern.

Doch die Rückreisemöglichkeiten stellen sich weit schwieriger dar als erwartet. Immer wieder in den folgenden Monaten nennt Anna Seghers ein Datum, wann sie abreisen werde, und immer wieder zerschlägt es sich. Am 30. September 1946 etwa heißt es im Brief an ihre alte Freundin Lore Wolf in Frankfurt am Main, sie werde *so gut wie sicher im Oktober nach Europa* aufbrechen. Und schränkt doch zugleich ein, sie werde sich noch einmal konkreter melden: *Weil alle Visen und Schiffssachen mir erst dann sicher erscheinen, wenn man schwimmt*. Und tatsächlich sitzt sie noch bis Anfang 1947 in Mexiko fest. Der Freundin Lenka Reinerová und ihrem Mann Theodor Balk, der aus Belgrad stammt, gelingt es hingegen bereits im September 1945, von einem jugoslawischen Frachter von Kanada aus bis an die adriatische Küste mitgenommen zu werden. Von Mexiko nach Deutschland zu gelangen ist zunächst kaum möglich.

Noch vor Anna Seghers gehen ihre beiden Kinder zurück nach Europa. Zuerst Pierre, der sich für einen Studienplatz in Paris bewirbt. Pierre Radvanyi legt 1943 am Lycée Français in Mexiko-Stadt das Abitur ab und besteht die Prüfungen mit der Gesamtnote „Sehr gut". Die mündlichen Prüfungen werden von Professoren aus Frankreich abgenommen. Pierre interessiert sich besonders für Naturwissenschaften und Elektrotechnik und hat sich in diesen Fächern spezialisiert. Doch er kann sein gewünschtes Studium am Polytechnischen Institut in Mexiko nicht sofort aufnehmen, weil dort das französische Abitur nicht anerkannt wird. Um sich ein wenig Geld zu verdienen, gibt er Abendkurse in Französisch für Erwachsene und hilft einem Bekannten beim Bau eines Elektroenzephalographen. Um die Zeit bis zur Aufnahme des Studiums zu überbrücken, beteiligt sich Pierre außerdem wie viele andere junge Leute an der Alphabetisierungskampagne im Land. Der Staatspräsident hat dazu aufgefordert, dass jeder, der lesen und schreiben kann, mindestens einem Mitbürger diese Fertigkeiten vermitteln soll. Das ist eine jener Kampagnen, mit denen Mexiko erfolgreich das lange Erbe des Kolonialismus abschüttelt.

Die Landung der Alliierten im Sommer 1944 in der Normandie, so hoffen alle, wird die baldige Befreiung Frankreichs zur Folge haben. Und so kommt es auch:

Im August 1944 ist Paris befreit. Die Franzosen feiern ein ausgelassenes Fest der Freude. Und auch in Mexiko nimmt man begeistert Anteil an der Befreiung von Paris.

Im März 1945 erhält Pierre die Möglichkeit, als Gasthörer an den Vorlesungen der Höheren Ingenieurschule des Polytechnischen Instituts in Mexiko teilzunehmen, wo er ursprünglich hat studieren wollen. Das war jedoch nicht genehmigt worden. Doch im April, als er gerade neunzehn Jahre alt wird, erhält er einen ermutigenden Brief aus Frankreich, dass infolge des Besuchs des französischen Sonderbotschafters Louis Pasteur Vallery-Radot in Mexiko alle Absolventen des Französischen Gymnasiums einen Antrag stellen können, um ihr Studium in Frankreich fortzusetzen. So füllt der junge Mann die notwendigen Formulare aus und bewirbt sich schließlich erfolgreich für ein Stipendium in Paris. Seine Mutter versichert ihm beim Abschied, wie er in seinem Buch *Jenseits des Stroms* bezeugt, sie verstehe ihn und billige seinen Wunsch, nach Frankreich zurückzukehren. *Allerdings musst du auch mich verstehen, dass ich selbst nach Deutschland zurückkehren möchte, denn ein Schriftsteller kann nicht lange außerhalb des Landes leben und arbeiten, in dem man seine Sprache spricht.*

Pierres zwei Jahre jüngere Schwester Ruth legt ihr Abitur 1945 ab. Sie möchte einmal Medizin studieren und arbeitet einige Monate freiwillig in einer medizinischen Einrichtung, um sich praktische Kenntnisse anzueignen. Auch sie bewirbt sich um ein französisches Stipendium. Zu Beginn des Studienjahres 1946 folgt sie ihrem Bruder nach Paris. *Ruth ist vor ungefähr einem Monat zu ihm gestoßen*, schreibt Anna Seghers am 30. September 1946 an ihre Freundin Lore Wolf. Die Rückreise führt Ruth über New York, wo sie Gelegenheit hat, das berühmte Gemälde *Guernica* von Pablo Picasso zu sehen, was dort gerade in einer Ausstellung gezeigt wird und sie tief berührt. Auf das Abenteuer der Überfahrt über den Atlantik begibt sich das junge Mädchen sicher nicht ohne Herzklopfen. Doch als Tochter von Anna Seghers, mit der sie gemeinsam schon so viele Fährnisse bestanden hat, nimmt sie auch diesmal allen Mut zusammen.

Die Möglichkeit, das Abitur auf dem Französischen Gymnasium abzulegen, ist für beide Kinder ein Glücksfall gewesen. Die Mutter weiß jedoch, wie gut und wichtig es ist, dass die jungen Leute nun endlich aus der Emigrationsatmosphäre in die Normalität eines eigenständigen Lebens aufbrechen können. Pierre und Ruth studieren und promovieren auf ihren Fachgebieten an der berühmten Universität Sorbonne.

Am Ende hat Anna Seghers selber nur noch den einen Wunsch, nach Hause zurückzukehren. Das Heimweh wird immer größer. Täglich diskutieren sie jetzt in der Familie und im Freundeskreis, wie es wohl in Deutschland aussieht. Alles in ihr ist auf Heimkehr gerichtet, so bitter – das ahnt sie – das Wiedersehen auch sein wird. Der Wechsel ins Nachkriegsdeutschland wird ihr wie die Heimkehr in ein fremdes Land erscheinen. Sie wird dann im geteilten Berlin, halb ernst gemeint, halb schelmisch, einen *mexikanischen Sektor* vermissen.

Hat sie im April 1946 an Johannes R. Becher geschrieben, sie werde von Mexiko aus zuerst nach Paris reisen, um ihren Sohn wiederzusehen, dann weiter nach Moskau, *um dort Verschiedenes zu erledigen*, und schließlich von da aus nach Berlin kommen, ist davon am Ende nicht mehr die Rede. *Wann genau ich bei Euch eintreffe, kann ich heute noch nicht exakt sagen, denn es hängt noch von anderen Visen und Reiserouten ab.* Sie werde dieser Tage eine Vereinbarung mit amerikanischen Zeitschriften und Verlagen abschließen, *durch die ich in verschiedene europäische Länder komme*, um in Reportagen über die zeitgenössischen Umstände dort zu berichten. Es sei nicht ausgeschlossen, dass sie ihren Aufenthalt in Paris nutzen könne, um von dort aus *kurz nach meiner Heimatstadt Mainz* zu fahren, heißt es noch im April 1946. Aber auch das lässt sich, ebenso wie die zunächst geplante Zwischenstation in Moskau, nicht verwirklichen.

Als das Schiff ihrer Rückkehr, die schwedische „Gripsholm", endlich am 27. Januar 1947 in Göteborg ankommt, treibt sie nur das eine Ziel an, so bald wie möglich nach Berlin weiterzufahren. Doch wieder hält die Wirklichkeit ihren Träumen nicht stand, denn so schnell wird es zu ihrem Verdruss nicht gehen; wieder muss sie auf die notwendigen Visa warten. Mehrere Wochen wird ihr Aufenthalt in Schweden dauern. Liebevoll wird sie dort von ihrer Freundin Erika Friedländer aufgenommen, und sie trifft auch Helene Thiele, die Schwester von F. C. Weiskopf. Beide Frauen haben im schwedischen Exil überlebt.

Am stärksten bedrückt sie der Gedanke an die Jugend in Deutschland: Wie wird es sein, wenn die Hitlerzeit vorbei ist und die jungen Leute das aus ihren Köpfen und Herzen loswerden müssen, was die faschistische Ideologie ihnen eingepflanzt hat? Im Romanmanuskript *Die Toten bleiben jung* ringen die Figuren mit solchen Gedanken, zwei verwundete Wehrmachtssoldaten auf dem Weg vom Lazarett in die zerbombte Heimatstadt. Sie haben alle Illusionen verloren. Die geistigen Werte ihrer

Zivilisation sind ins Wanken geraten. Die Wirklichkeit selber hat sie entwertet: *Wie dünn ist die Haut auf dem Vieh von Mensch! Wie fadenscheinig ist das Gewebe von alledem, was sie seit ein paar tausend Jahren gelernt haben. Ganz oben drauf. Und wir, wir haben uns mal eingebildet, es stecke ihnen in Fleisch und Blut. Jetzt müssen wir noch mal ganz von vorn anfangen. Die zehn Gebote: Du sollst nicht stehlen, du sollst nicht töten. Wie alles dünn war, was unsere Lehrer gelehrt haben und unsere Dichter gedichtet. Wie dünn! Und unsere Pfarrer gepredigt. Es war so dünn wie die Haut.*

Die bittere Erfahrung einer Epochentragödie, die Anna Seghers wie alle ihre Exilgefährten machen musste, ist die Einsicht in die Gefährdung der Humanität, ja der menschlichen Existenz überhaupt. Ihr ist schon von Mexiko aus klar, dass es einer großen Anstrengung bedürfen wird, die Jugend in Deutschland von den ideologischen Infiltrierungen der faschistischen Ideologie zu befreien, sie umzuerziehen und für demokratische Denkmuster zu öffnen. Das wird ein Prozess sein, der von Grund auf alles umstülpen muss. Sie erliegt nicht der Illusion, es könne schnell und problemlos durch gutes Zureden erreicht werden. Was es bedeute, Mensch zu sein, müssen die Jungen überhaupt erst lernen.

Am kompliziertesten stellt sich die Vorbereitung auf die Rückkehr innerhalb der Parteigruppe der KPD heraus. Die Diskussionen entzünden sich an der Frage, wie man nach dem Sieg der Alliierten mit den Generälen der Hitler-Wehrmacht umgehen solle, ob man, wie das Nationalkomitee Freies Deutschland (NKFD) in der Sowjetunion es vorsieht, beim Wiederaufbau Deutschlands nach dem Krieg zusammenarbeiten kann oder nicht. Paul Merker ist ein strikter, unversöhnlicher

Gegner einer solchen These. Andere widersprechen ihm, darunter vor allem der Publizist Georg Stibi. Merker setzt sich durch und verlangt den Ausschluss des Genossen. So sollen die anderen Genossen auch jeglichen Kontakt zu Georg Stibi und seiner Frau Henny abbrechen.

Anna Seghers und einige andere Mitglieder der Gruppe wie Kisch und Uhse halten sich nicht daran. Ihnen gefällt nicht, wie schnell die Dogmatiker dabei sind, jemanden mit einer abweichenden Meinung auszugrenzen. Dem muss man sich nicht beugen. Anna Seghers besucht die Stibis weiterhin und erhält die Freundschaft aufrecht. Wie man in Mexiko bei jeder Gelegenheit sagt: „Vamos a ver" (wir werden ja sehen) – sie lässt sich nicht gegen ihren Willen verbieten, mit Menschen zu verkehren, die ihr wichtig sind. Eines Tages, als sie bei den Stibis ist, klingelt es an deren Wohnungstür. Henny Stibi will öffnen gehen, aber niemand steht davor. Nur die Visitenkarte von Paul Merker ist unter der Tür durchgeschoben worden, darauf steht: „Anna, ich habe dich ertappt, du verkehrst mit Stibi!" Das bedeutet, Merker hat seiner Genossin hinterherspioniert und weiß nun, mit wem sie sich entgegen den Beschlüssen der Partei trifft. Das hat sie natürlich getroffen. Andererseits ist sie der Ansicht, dass man solche Meinungsverschiedenheiten innerhalb der Parteigruppe nicht öffentlich austragen sollte, und schweigt zunächst davon. In ihrem Neujahrsbrief 1945 an Kurt Kersten auf Martinique etwa findet diese Einstellung Ausdruck, wenn sie schreibt: *Ich glaube, man muss zuerst alles, aber auch alles tun, um Hitler zu erledigen und nachher kann man sich balgen, um die neue Weltordnung.*

Wie Steffie Spira notiert, hat Anna Seghers später, als sie in Berlin leben, darüber gelacht und die Sache mit

Anna Seghers gegen Ende ihrer Emigration in Mexiko

dem Ausruf „Hol's der Naturgeier!" weggewischt. Doch in Mexiko, das wissen die Freundinnen, ist das gar nicht lustig. Die Partei wacht auch im persönlichen Bereich über allem und jedem. Und das Misstrauen der führenden Funktionäre untereinander vergiftet oft genug die Atmosphäre, gerade in jener Situation, als der Zusammenhalt so notwendig ist. In diesem Zwiespalt zwischen ihrer eigenen Erfahrung und den Vorgaben der Partei wird Anna Seghers, zurück in Deutschland, noch oft stehen.

An ihren bereits aus dem Exil in England zurückgekehrten Freund Jürgen Kuczynski schreibt sie am 25. Juni 1945, viele Diskussionen erscheinen ihr *uferlos und ziellos, die die letzte Zeit in der Emigration zwischen Gruppen und zwischen Einzelnen geführt wurden*. Solcher Streit unter Genossen um ideologische oder strategische Fragen hat das Leben im Exil zusätzlich schwer gemacht. Wenn sie an ihrem Manuskript des Deutschlandromans *Die Toten bleiben jung* arbeitet, hat sie das sichere Gefühl, sie müsse sich dringend mit anderen austauschen, die die Lage in Deutschland genauer einschätzen können. Jetzt wartet sie voller Ungeduld auf solche Gesprächsmöglichkeiten mit Jürgen Kuczynski, Georg Lukács, aber auch mit Bertolt Brecht, der in der ersten Zeit in Berlin einer ihrer wichtigsten Gesprächspartner sein wird.

Ihr eigenes Betroffensein ist wie stets bei ihrem Schreiben die entscheidende Antriebsfeder für ihre Literatur. Auch dort, wo die Handlung keineswegs autobiografisch ist, bleibt ihre Zeitgenossenschaft der eigentliche Impuls. So schreibt sie im Dezember 1945 an Georg Lukács, dass sie ihn in absehbarer Zeit außerordentlich gern sprechen würde. Gerade weil es aus der Ferne, von Mexiko aus, schwerfällt, manche komplizierten Fragen klar zu beantworten, möchte sie es mit ihm *durchsprechen, bevor ich es abschließe.* Bis sie nach Europa aufbrechen werde, so glaubt sie, wird der Roman wahrscheinlich im ersten Entwurf fertig sein.

Eine besonders emotionale Zäsur ist für jeden Beteiligten der Abschied vom Heinrich-Heine-Klub. Er war ihnen über all die Jahre geistige Heimat, ein Ort der Freundschaft und Zusammengehörigkeit. Hier konnten sie ihre neuen literarischen Werke in der Originalsprache vorstellen, Theaterstücke inszenieren oder ganz neue Talente erproben, wie etwa als Laienschauspieler. 1946 sind einige seiner Mitglieder bereits in die Heimat aufgebrochen, andere, wie Anna Seghers, erwarten die baldige Abreise.

Aber sie werden nicht sang- und klanglos auseinandergehen, sondern geben eine Festschrift heraus, *Heines Geist in Mexiko*, in der sie alle noch einmal zu Wort kommen, die in den Jahren seit Gründung Ende 1941 mitgewirkt haben. Anna Seghers ist bis zum Ende die Präsidentin des Heinrich-Heine-Klubs geblieben. Daneben gehören zum letzten Vorstand als Vize-Präsidenten: Dr. Leo Deutsch, Egon Erwin Kisch, Kurt Stern als Sekretär sowie weitere vierzehn Vorstandsmitglieder wie Walter Janka, Alexander Abusch, Bodo Uhse, Gertrude Duby und Paul Mayer, der Verlagslektor bei Ernst Rowohlt in Berlin war. Es ist ihr Kreis, der den Zusammenhalt gesichert und so viele geistige Anregungen organisiert hat.

In ihrem Textbeitrag *Abschied vom Heinrich-Heine Klub* begründet Anna Seghers zum Abschluss noch einmal, warum sie diesen Namen gewählt haben: *Heine hat alle Stadien der Emigration mit uns geteilt: die Flucht und die Heimatlosigkeit und die Zensur und die Kämpfe und das Heimweh. Wir sind jetzt auf einem Punkt angelangt, wo er uns allein weiterfahren läßt: die endgültige Heimkehr.* Was die junge Schriftstellerin noch nicht ahnen konnte, als sie, damals noch die Studentin Netty Reiling, Heinrich Heine schon früh als ihren Lieblingsdichter erkor: dass sie einmal dasselbe Schicksal haben wird wie er. *Heine, der als Emigrant in Frankreich starb, nachdem er sich Herz und Feder abschrieb* – er war der politische Kopf, von dem sie so viel lernen konnte. *Er hat schon im „Wintermärchen" den grauenhaften Gestank geschnüffelt, der eines Tages aus Deutschland hervorquellen wird und ganz Europa verqualmen.*

Dieser hellsichtige deutsche Dichter, der erste Emigrant unter denen, die das Vaterland nicht anerkennen wollte und verleugnete, war Ermutigung und Auftrag gleichermaßen für sie und ihre Mitstreiter: *Wir haben in seinem Namen eine große Strecke gemeinsam zurücklegen können, weil unsere Leben innen und außen viele Punkte mit seinem gemeinsam hatten. […] Wir haben wie er versucht, an Werten aus unserer Heimat festzuhalten, was des Erhaltens wert war, und in gemeinsamer Richtung weiterzugehen.* Über den Ozean wie sie war Heine nicht gelangt, aber im Herzen haben sie alle ihn mit sich getragen in ihr Exil: *Er war der Schutzpatron unserer Gemeinschaft in diesem seltsamen Land, in das wir auf unseren Irrfahrten verschlagen wurden. Wir haben mit unseren geringen Kräften versucht, den Abglanz von seinem Geist, seinem Spott und seiner Kritik hier neu zu beleben, während er weit weg in seinem geliebten Paris auf dem Friedhof von Montmartre liegt, wohin eine Generation nach der anderen den zärtlichen Tribut trägt, ein Veilchensträußchen, das nie verwelkt.*

Einen besonders reizvollen Beitrag steuert Kurt Stern bei, aus dem man seinen Schalk regelrecht heraushört, wenn er etwa Anna Seghers Rumba tanzend halluziniert: *Ein Fiebertraum*. Er hatte tatsächlich eine fiebrige Grippe, und so vermischen sich ihm darin Bilder aus Berlin und Mexiko, Erträumtes und Erinnertes und für die Zukunft Erhofftes. Im Traum begegnet ihm der Portier des Schiefersaales, Domizil des Klubs. Der führt einen Bechstein-Flügel hinter sich her und fragt ihn: Kommen Sie heute Abend? „Willig ließ ich mich auf den Flügel heben, und in rasendem Tempo flogen wir durch die Straßen: die Siegesallee entlang, über den Prager Wenzelsplatz hinüber, am Prater vorbei, über die Dächer von Belgrad hinweg, die Insurgentes entlang, durchs Brandenburger Tor." So kommen die Heimatstädte der einzelnen Freunde ins Spiel, in die sich jeder von ihnen schließlich zurücksehnt. „Doch je weiter wir kamen, desto langsamer wurde unser Flug: denn überall hatten sich unterwegs Leute auf den Bechstein-Flügel geschwungen. Unter vielen Dutzenden radauten da temperamentvoll der Feibelmann und der Theo Balk; die Anna Seghers und das Paulchen Mayer tanzten eine Rumba; ganz still und bescheiden hockten in einer Ecke der verschüchterte Egon Erwin Kisch, der verschlafene maestro Römer und der verstummte Alejandro Abusch". Der aus Wien stammende Dirigent und Schönberg-Schüler Ernst Römer ist übrigens in Mexiko geblieben. Er unterrichtete am Konservatorium, setzte sich besonders für die österreichische Moderne ein, führte Werke von Gustav Mahler und Arnold Schönberg auf und starb 1974 in Mexiko-Stadt.

Kurt Stern ist ein fantasievoller Erzähler, dessen Text sich zwar leicht und spielerisch in die Lüfte erhebt, der aber doch ein ganz reales Abschiedsbild ihrer jahrelangen Zusammenarbeit im Heinrich-Heine-Klub entwirft: „Ein kunterbunter Fiebertraum, doch nicht ganz sinnlos, wenn ich es recht bedenke. Denn es ist ja nicht wahr, dass der Heine-Klub nun für alle Zeiten seine Tore schließt. Der Heine-Klub hatte ja nie seine vier Wände. Er bestand ja nicht aus Steinen, sondern aus Menschen, die den wahrheitssuchenden Geist, das schöngeformte Wort und den schöpferischen Gedanken liebten. Und diese Menschen sind recht lebendig. Wo immer sie sein mögen – in Mexiko, in Prag, in Wien, Berlin oder Belgrad –, da wird ein Stück des Heine-Klubs leben, da wird der Geist unseres Heinrich-Heine-Klubs wirksam sein."

Das Gastland hat sie alle, selbst wenn es ihnen am Anfang so fremd erschienen sein mag, mit einer Geborgenheit umgeben, die sie über die Jahre des Exils trägt. Unter der Sonne Mexikos erscheint der Druck beim Gedanken an Deutschland nach dem Krieg manchmal tatsächlich weniger schwer. Nicht, dass man es vergessen könnte. Aber der Aufenthalt in diesem südlichen Land tröstet über manches hinweg. Sie alle werden sich später aus der Trümmerwirklichkeit Nachkriegsdeutschlands zurücksehnen in diese Jahre der gelebten Solidarität: Jeanne und Kurt Stern, dessen Lungenkrankheit in der Höhenluft Mexikos heilen konnte; Lenka Reinerová, der nach der Rückkehr nach Prag mit den politischen Prozessen schwere Jahre bevorstehen; Bodo Uhse, der in Mexiko schriftstellerisch so produktiv ist wie später nie wieder, wenn er unter fortwährenden Schreibhemmungen leidet. Und auch für Walter Janka, der nach dem

Krieg in Berlin den jungen Aufbau-Verlag leiten und in den politischen Spannungen der 1950er-Jahre zerrieben werden wird, sind nach eigenen Worten die Exiljahre in Mexiko die glücklichsten seines Lebens gewesen.

1946, als Pierre schon in Frankreich lebt, erhalten Anna Seghers, Laszlo Radvanyi und Tochter Ruth die Staatsbürgerschaft Mexikos. Zuerst wird am 11. März die Einbürgerungsurkunde für Laszlo Radvanyi ausgestellt, anschließend die für seine Frau und für Ruth. Bedingung dafür war, dass sie bereits fünf Jahre ununterbrochen in Mexiko leben. Das ist eine riesige Erleichterung, denn nun haben sie einen mexikanischen Pass und können die Rückreise nach Europa planen.

Seit Kriegsende konzentrieren sich alle Gedanken auf die Rückkehr in die Heimat. Der Aufenthalt im Land, das sie so gastfreundlich aufgenommen hat, ist jetzt zeitlich begrenzt. Das unbezähmbare *Heimweh* nach Deutschland, von dem Anna Seghers spricht, nimmt von Tag zu Tag zu. Es bedeutet zuallererst die Sehnsucht nach den Menschen, die sie unwiederbringlich verloren hat, den Eltern, der Familie. Heimweh ist aber auch die Sehnsucht nach einem unzerstörten Ort, gerade jetzt nach diesem barbarischen Krieg: die Sehnsucht nach etwas Unbeschädigtem, Unzerstörtem, auf das sie insgeheim hofft. Der Traum von ihrem Vaterland, wie es war, bevor sie es verlassen mussten. Doch sie weiß, dass es anders kommen wird. Trotzdem gilt für sie das Bekenntnis im *Ausflug der toten Mädchen: Es gab nur noch eine einzige Unternehmung, die mich anspornen konnte: die Heimkehr.*

Am Ende der Jahre in Mexiko steht sie erneut vor dem Entscheidungsmuster *Gehen oder Bleiben*, wie schon die Protagonisten in ihrem Roman *Transit*, als es darum ging, sich aus dem besetzten Frankreich zu retten. Doch damals hatten die Verfolgten im Grunde nicht die Wahl – es ging um ihr Leben. Sie mussten fort. Jetzt jedoch zieht es Anna Seghers nach Hause. Sie kann die Heimkehr kaum erwarten.

Laszlo Radvanyi wird noch mehrere Jahre in Mexiko bleiben, er ist ein leidenschaftlicher Hochschullehrer, möchte seine Studenten und vor allem seine Forschungen vorerst nicht aufgeben – für eine ungewisse Zukunft im Nachkriegsdeutschland. *Der Rodi ist wie immer froh*, schreibt sie am 25. Juni 1945 an Jürgen Kuczynski, *wenn er ein unbändiges Kraut von Schülern um sich herum hat*. Ginge es nach ihm, könnte der Ort, wo sie für immer ankommen, auch Mexiko sein, die Universität, an der er so gute Bedingungen für Lehre und Forschung vorfindet. Er, der Polyglotte, fühlt sich hier offenbar am richtigen Platz. Für Anna Seghers ist das anders. Sie vermisst ihr Land, ihre Sprache, die vertrauten Klänge sehr. Rodi hingegen will vorläufig in Mexiko bleiben, weiterhin an der Universität lehren. Als Professor für Ökonomie an der Nationalen Universität, der UNAM, gilt sein spezielles Interesse neuerdings soziologischen Forschungen, Meinungsumfragen nach dem noch neuen Prinzip des Gallup-Instituts. In dieser Tätigkeit wird er unterstützt von einer amerikanischen Assistentin, Lena Jaeck. Sie wird für Jahre eng mit Laszlo Radvanyi verbunden bleiben und ihm 1952 nach Berlin folgen.

Das bedeutet, zumindest vorübergehend, die Trennung des Ehepaares. Laszlo Radvanyi kann sich nicht vorstellen, seine Arbeit in Mexiko endgültig aufzugeben. Sein *Traum eines bikontinentalen Lebens*, von dem Anna Seghers einer Freundin schreibt – er in Mexiko, sie in

Berlin –, mit gelegentlichen Besuchen vielleicht, erweist sich jedoch in der Nachkriegswirklichkeit schnell als Illusion. Nicht lange nach Kriegsende ist die Antihitlerkoalition zerbrochen. Zwischen den einstigen Partnern USA und Sowjetunion entsteht ein Bruch, aus dem eine politische und weltanschauliche Eiszeit erwächst. Für Privatpersonen wird es schwer realisierbar, von der einen in die andere Welt zu wechseln: Die politischen Blöcke stehen sich bald unversöhnlich gegenüber.

Der Beginn des neuen Jahres bringt nun den endgültigen Abschied vom Exilland Mexiko und den langjährigen Freunden dort wie Clarita Porset, Diego Rivera und ihrem Kreis. Jetzt, ausgestattet mit dem mexikanischen Pass, scheint es kein Problem zu sein, in die USA einzureisen. Ein französisches Visum, auf das Anna Seghers längere Zeit gewartet hat, kommt nicht rechtzeitig. Aber das schwedische Schiff, das sie im Hafen von New York erreichen will, darf sie auf keinen Fall verpassen. Noch einmal soll sich ihre Rückkehr nicht verzögern.

Zunächst begleitet ihr Mann sie bis New York. Mit dem Zug fahren sie von Mexiko-Stadt nach Norden und überqueren am 7. Januar 1947 bei Laredo in Texas die Grenze in die USA. Der Grenzfluss Rio Grande ist das letzte, was sie von Mexiko sieht. Noch hofft sie, Rodi werde in wenigen Monaten folgen. In vielen Briefen vor und nach der Abreise schreibt sie Freunden in Deutschland, dass ihr Mann wenig später ebenfalls heimkommen werde. Doch das erweist sich bald als Irrtum. Mehr als fünf Jahre wird sie allein in Berlin leben und auf ihn warten.

In den wenigen Tagen, die sie in New York bleiben, sieht sie ihre Tante Clem wieder, Clementine Cramer, die Schwester ihrer Mutter, und trifft sich mit F. C.

Mit der Freundin Clarita Porset

Weiskopf, seiner Frau Grete und Wieland Herzfelde. Dann geht sie an Bord der „Gripsholm“, des Schiffes, das sie nach vierzehn Jahren in der Fremde zurückbringen wird. Es ist eben jene „Gripsholm“, mit der der Konsul Gilberto Bosques und seine Gefährten im April 1944 aus deutscher Kriegsgefangenschaft zurückkehrten. Sie verlässt den Kontinent, der die Rettung vor Hitler ermöglicht hat. Die Küste eines Landes kann Ankunft oder Abschied bedeuten, in jedem Fall jedoch eine Veränderung der Lebensumstände.

Wie aber mag sich Anna Seghers fühlen, als sie ganz allein aufbricht, um nach Europa zurückzukehren: in ein völlig zerstörtes Land, ihr Vaterland, das sich so entsetzlich verändert hat? Und ausgerechnet jetzt ist der Mann nicht an ihrer Seite, mit dem sie seit einem Vierteljahrhundert alles geteilt hat, Freude und Schmerz, Glücksgefühl und Lebensgefahr. Der ihr immer Halt gegeben hat. Gleichzeitig wird die Liebe zu Mexiko sie auf dem Weg ihrer Rückkehr begleiten. Und kaum zu Hause, wird sie *mit frischem Heimweh an die Farben jenes Landes* denken, *die Farben in seiner Luft und auf seinen Mauern*.

Die Sehnsucht nach der Freundin Clarita Porset wird sie auch in Berlin nie verlassen. Sie fehlt ihr sehr. Und Clarita geht es in Mexiko ebenso: „Ich müsste mit Dir sprechen, mit Dir in irgendein Café gehen, so wie früher, um über uns zu reden, über persönliche Sorgen, wie man es nur mit ganz wenigen Menschen tun kann", schreibt sie 1952 an Anna Seghers.

Jetzt aber, in der Aufregung der Abreise und der Euphorie des endlich greifbaren Neubeginns, überwiegt die Vorfreude auf das Wiedersehen mit Deutschland. Zwischen den Kontinenten fließen Vergangenheit und Gegenwart ineinander. Adler und Schlange auf dem Wappen von Mexiko symbolisieren den Schutz, den sie so lange in diesem fremden Land genießen konnte. Möglich, dass ihr auf der Rückfahrt aus Mexiko jener Satz einfällt, den sie in dem kleinen, wundersamen Prosastück *Der Baum des Odysseus* geschrieben hat, in den Jahren des Pariser Exils, als sie sich vorstellte, wie Odysseus nach dem zehn Jahre währenden Krieg heimkehrt zu seiner Frau Penelope und sie erinnert an den Aufbruch ins Unbekannte: *damals, als keiner von uns nur ahnte, wo Troja lag*. So mag es ihr nun selber ergehen, wenn sie auf die unendlich weite Fläche des Atlantiks blickt und ihre

Gedanken zurückkehren zur Odyssee ihrer Flucht im Frühjahr 1941: damals, als sie noch gar nicht ahnten, was Mexiko für sie bedeuten würde. Der Atlantische Ozean ist die Brücke zwischen den beiden Hälften ihres Lebens.

Es waren die Emigranten, die – ungewollt und unvorhergesehen – eine Brücke von Europa nach Mexiko geschlagen haben: mit ihren gefährdeten Leben, ihrem Überlebenswillen, ihrer unbändigen Liebe und ihrer Bereitschaft, sich auf Neues einzulassen. Wie ein beinahe familiäres Verhältnis beschreibt Anna Seghers auch ihre Dankbarkeit gegenüber Mexiko, als sie in Berlin kurz nach der Rückkehr für die Redaktion des *Sonntag*, der Zeitung des Kulturbundes, interviewt wird: *Ich verdanke diesem Land unsäglich viel, soviel wie ein Kind seiner guten Pflegemutter zu danken hat.* Mexiko wird in ihrem Herzen für immer einen festen Platz behalten.

Als Anna Seghers den amerikanischen Kontinent verlässt und den Atlantik überquert, diesmal in der Gegenrichtung, liegen vor ihr neue Horizonte. Doch die erscheinen beinahe ebenso unwägbar wie Jahre zuvor bei der Ankunft in der Neuen Welt. Wie wird es weitergehen in Deutschland nach der großen Katastrophe? Noch ist alles offen.

Christa Wolf hat einmal über Anna Seghers geschrieben, sie erkenne in ihrem Altersgesicht den Ausdruck derer, die vieles, vielleicht zu vieles gesehen, durchschaut, erlebt und überlebt haben. Die wissen: „Kein zufälliges Unglück ist ihnen zugestoßen. Es war alles so gemeint."

Ja, es war tatsächlich alles so gemeint. Die Geschichte des 20. Jahrhunderts mit ihren Verheerungen, Verfolgungen und Verbrechen hat auch Anna Seghers und ihre Familie mehrfach in akute Lebensbedrohung gestürzt. Die Gefahr, darin unterzugehen, lag nahe. Sie sind noch einmal davongekommen – aber um welchen Preis!

Zeittafel

1900 Am 19. November als Netty Reiling, einzige Tochter des Kunsthändlers Isidor Reiling und seiner Frau Hedwig, in Mainz geboren

1920 Studium der Philologie, Geschichte, Kunstgeschichte und Sinologie in Heidelberg und Köln

1924 Promotion über Rembrandt

1925 Eheschließung mit Laszlo Radvanyi, Umzug nach Berlin

1926 Geburt des Sohnes Peter

1927 Veröffentlichung der Erzählung *Grubetsch* in der *Frankfurter Zeitung* unter dem Pseudonym Seghers

1928 *Aufstand der Fischer von St. Barbara*, Erzählung; Verleihung des Kleistpreises durch Hans Henny Jahnn; Mitglied der Kommunistischen Partei Deutschlands und des Bundes proletarisch-revolutionärer Schriftsteller; Geburt der Tochter Ruth

1930 Teilnahme an der Konferenz der Internationalen Vereinigung proletarisch-revolutionärer Schriftsteller in Charkow; *Auf dem Wege zur amerikanischen Botschaft und andere Erzählungen*

1932 *Die Gefährten*, Roman

1933 Verhaftung durch die Gestapo, Emigration über die Schweiz nach Frankreich; Mitherausgeberin der Zeitschrift *Neue Deutsche Blätter*; *Der Kopflohn*, Roman

1935 *Der Weg durch den Februar*, Roman; Ansprache auf dem I. Internationalen Schriftsteller-Kongress zur Verteidigung der Kultur in Paris

1937 *Die Rettung*, Roman; *Der Prozeß der Jeanne d'Arc zu Rouen 1431*, Hörspiel; Teilnahme am II. Internationalen Schriftsteller-Kongress in Madrid

1940 Flucht von Paris nach Marseille

1941 Flucht auf einem Transportschiff über Martinique, Santo Domingo, Ellis Island nach Mexiko; Präsidentin des Heinrich-Heine-Klubs in Mexiko-Stadt; Mitherausgeberin der Zeitschrift *Freies Deutschland*

1942 *Das siebte Kreuz*, Roman

1943 Schwerer Verkehrsunfall in Mexiko-Stadt
1944 *Transit*, Roman
1946 *Der Ausflug der toten Mädchen* und andere Erzählungen
1947 Heimkehr, Wohnsitz in Berlin; rege und umfangreiche publizistische und kulturpolitische Tätigkeit: Mitglied des Präsidiums des Weltfriedensrates, Teilnahme an internationalen Kongressen; Vizepräsidentin des Kulturbundes; Auszeichnung mit dem Georg-Büchner-Preis
1949 *Die Hochzeit von Haiti*, zwei Novellen; *Die Toten bleiben jung*, Roman
1950 *Die Linie*, drei Erzählungen; Wohnung in Berlin-Adlershof; Gründungsmitglied der Deutschen Akademie der Künste zu Berlin
1951 *Crisanta*, Novelle; *Die Kinder*, drei Erzählungen; Reise nach China; Stalin-Friedenspreis
1952 *Der Mann und sein Name*, Erzählung; Rückkehr von Laszlo Radvanyi nach Berlin; Präsidentin des Deutschen Schriftstellerverbandes; *Der Bienenstock*, ausgewählte Erzählungen; *Der erste Schritt*, Erzählung
1954 Erstes Wiedersehen mit der Heimatstadt Mainz
1958 *Brot und Salz*, drei Erzählungen
1959 *Die Entscheidung*, Roman
1961 *Das Licht auf dem Galgen*, Erzählung; Reise nach Brasilien zu Jorge Amado
1962 *Karibische Geschichten*
1963 Zweite Reise nach Brasilien
1965 *Die Kraft der Schwachen*, Erzählungen
1967 *Das wirkliche Blau*, Erzählung
1968 *Das Vertrauen*, Roman
1969 *Glauben an Irdisches*, Essays
1971 *Überfahrt*, Erzählung
1973 *Sonderbare Begegnungen*, drei Erzählungen
1975 *Der Räuber Woynok. Sagen und Legenden*; Ehrenbürgerin von Berlin (DDR)
1977 *Steinzeit/Wiederbegegnung*, zwei Erzählungen
1978 Tod von Laszlo Radvanyi

1980 *Drei Frauen aus Haiti*, Erzählungszyklus

1981 Publikation von Anna Seghers' Dissertation *Jude und Judentum im Werke Rembrandts*; Ehrenbürgerin der Stadt Mainz

1983 Am 1. Juni in Berlin verstorben, Ehrengrab auf dem Dorotheenstädtischen Friedhof

1985 Eröffnung der Anna-Seghers-Gedenkstätte in Berlin-Adlershof, Anna-Seghers-Straße 81, heute Anna-Seghers-Museum, eine Einrichtung der Akademie der Künste

Ausgewählte Literatur

Anna Seghers: Werkausgabe, Erzählungen 1933–1947, Berlin 2011. Abdruck der Textauszüge auf S. 112 mit freundlicher Genehmigung des Aufbau Verlages, Berlin © Aufbau Verlag GmbH & Co. KG, Berlin (2011), 2008.

Anna Seghers: Werkausgabe, Erzählungen 1958–1966, Berlin 2007. Abdruck der Textauszüge auf S. 153 f. mit freundlicher Genehmigung des Aufbau Verlages, Berlin © Aufbau Verlag GmbH & Co. KG, Berlin (2007), 2008.

Anna Seghers: Gesammelte Werke in Einzelausgaben, Bd. VI, Berlin/Weimar 1967. Abdruck der Textauszüge auf S. 173 mit freundlicher Genehmigung des Aufbau Verlages, Berlin © Aufbau Verlag GmbH & Co. KG, Berlin (1967), 2008.

Anna Seghers: Aufsätze, Ansprachen, Essays 1927–1953. Gesammelte Werke in Einzelausgaben, Bd. XIII, Berlin/Weimar 1980. Abdruck der Textauszüge auf S. 178 f. mit freundlicher Genehmigung des Aufbau Verlages, Berlin © Aufbau Verlag GmbH & Co. KG, Berlin (1980), 2008.

Anna Seghers: Ich erwarte Eure Briefe wie den Besuch der besten Freunde. Briefe 1924–1952, hg. von Christiane Zehl Romero und Almut Giesecke, Berlin 2008.

Fluchtort Mexiko. Ein Asylland für die Literatur, hg. von Martin Hielscher, Hamburg/Zürich 1992. Abdruck der Textauszüge auf S. 135 mit freundlicher Genehmigung des Aufbau Verlages, Berlin © Aufbau Verlag GmbH & Co. KG, Berlin (1992), 2008.

Wolfgang Kießling: Brücken nach Mexiko. Traditionen einer Freundschaft, Berlin 1989.

Letzte Zuflucht Mexiko. Gilberto Bosques und das deutschsprachige Exil nach 1939, Katalog zur gleichnamigen Ausstellung, Aktives Museum, Berlin 2012.

Monika Melchert: Heimkehr in ein kaltes Land. Anna Seghers in Berlin 1947 bis 1952, Berlin 2011.

Monika Melchert: Wilde und zarte Träume. Anna Seghers – Jahre im Pariser Exil 1933–1940, Berlin 2018.

Mexiko, das wohltemperierte Exil, hg. von Renata von Hanffstengel u. a., México 2005.
Marcus G. Patka: Zu nahe der Sonne. Deutsche Schriftsteller im Exil in Mexiko, Berlin 1999.
Pierre Radvanyi: Jenseits des Stroms. Erinnerungen an meine Mutter Anna Seghers, Berlin 2005.
Lenka Reinerová: Es begann in der Melantrichgasse. Erinnerungen an Weiskopf, Kisch, Uhse und die Seghers, Berlin/Weimar 1985.
Anna Seghers. Eine Biographie in Bildern, hg. von Ursula Emmerich/Ruth Radvanyi/Frank Wagner, Berlin/Weimar 1994.
Anna Seghers/Achim Roscher: Mit einer Flügeltür ins Freie fliegen. Gespräche, Berlin 2019.
Steffie Spira-Ruschin: Trab der Schaukelpferde, Berlin/Weimar 1984.
Alexander Stephan: Anna Seghers im Exil, Bonn 1993.
Alexander Stephan: Im Visier des FBI. Deutsche Exilschriftsteller in den Akten amerikanischer Geheimdienste, Stuttgart/Weimar 1995.
Wilhelm von Sternburg: Anna Seghers. Ein biografischer Essay, Ingelheim 2010.
Christiane Zehl Romero: Anna Seghers. Eine Biographie 1900–1947, Berlin 2000.

Bildnachweis

Akademie der Künste/Literaturarchiv/Anna-Seghers-Archiv: 44, 89, 93, 96, 175

Ancestry.com [New York, Passagier- und Besatzungslisten (einschließlich Castle Garden und Ellis Island, 1820–1957]: 19

Archiv Anne Radvanyi: 29, 41, 43, 86, 99, 111, 138, 159, 163, 164, 167, 184

Banco de México Diego Rivera Frida Kahlo Museums Trust, Mexico, D.F. / Artists Rights Society (ARS), New York: 54

Renata von Hanffstengel Estate: 80

Monika Melchert: 124

Personenregister